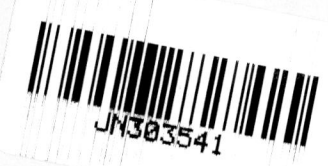

超簡単トローリング

服部宏次

カツオからカジキまで

WILD CAT
MIWASAKI WAKAYAMA
WILD CAT

トローリングの楽しみ

広い海をボートで走ってるだけでも楽しい
それで魚が釣れたら、もっと楽しい
美味しい魚や大きな魚だったら、さらに楽しい
おまけに気の合った仲間と一緒だったら、楽しみは何倍にもなる
実はこれが意外と簡単な釣りなんだよね、本当は!!(これ内緒だよ)
そんなトローリングを楽しむための実戦ノウハウを大公開
読んだら始めずにはいられない
ようこそ、まったく新しい釣りの世界へ

相手はカツオやシイラだけじゃない
信じられないほど近くの海に、マグロやカジキが回って来るチャンスがある
そんな大物にチャレンジする一番簡単な方法が、トローリングだ
タックルも釣り方もとても簡単
それでびっくりするような大きな魚が釣れる
これって、もしかしたらボート釣りの革命じゃないのか!?

近くの海に大物のチャンス

が・・・・・・

トローリングにハマればハマるほど
広大な海を、思う存分走り回って魚を探すのがおもしろくなる
自分のねらいどおりに魚が見つかったら、それだけでおもしろい
そして突然リールがうなりを上げて、魚との闘いが始まる
大きな魚とファイトするのは、タックルとボートを駆使したゲーム
知力、体力、経験、チームワークが欠かせない
マイボートだけじゃない。チャーターボートだっておもしろさは同じ
読んで、釣って。釣って、読んで。
もう、おもしろくないとは言わせないゾ!!

ねらって釣るおもしろさ

魅惑のトローリングルアー

なぜ魚は、エサに似ても似つかないルアーに食いつくのか
カラーは? 大きさは? 形は?
貴重な素材や美しい仕上げは、魚のため? 使う人のため?
そんなことを考えだしたら本当にきりがない
実はこれも簡単なこと
あまり難しく考え過ぎるのは、いますぐやめよう
そのほうが魚も釣れておもしろいよ、というのが本書の提案だ
なんてったって、超簡単トローリングだからね!!

超簡単トローリング

服部宏次

Introduction

PART.1
Basics of trolling

CONTENTS

超簡単トローリング

PART.2
Trolling methods for each kind of fish

109 魚種別の釣り方

PART.3
Tips to enjoy trolling to the full

145 トローリングを120%楽しむためのヒント

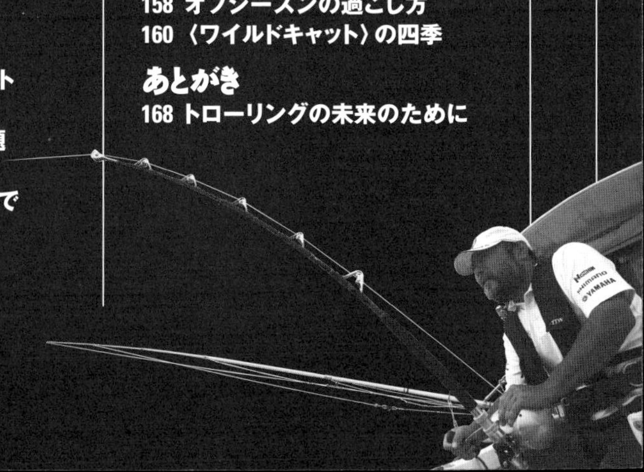

本書を3人の海の男に捧げる

本場のトローリングメソッドを教えてくれた
グアムの「テン・ボート・チャーター」の天畠正雄さん

和歌山沖のトローリングの可能性を教えてくれた
すさみ〈智丸〉の朝本智男船長

あらゆる釣りに真摯に取り組み、常に強い刺激と
新鮮な驚きを与え続けてくれるプロアングラー、下野正希さん

彼らは著者のかけがえのない師であり、偉大なる先達である

PART 1

Basics of trolling

トローリングの基礎

トローリングとはいったいどんな釣りか。
その楽しみ方から必要なタックルとボートの装備、
魚を釣る方法と探し方まで、
初心者にもよくわかるようにご案内しよう。

What's trolling?

トローリングという釣り

とても簡単だけど奥深い釣り

トローリングという釣りについて、みなさんはどんなイメージをお持ちだろうか。

「ルアーを曳っ張ってボートを走らせてるだけで、魚が勝手に掛かってくる」

まさにそのとおり。実績のあるルアーを正しくセットして、正しくボートを走らせているだけで、そこに食い気のある魚がいれば食いついてくる。細かいテクニックなど不要。それがトローリングという釣りだ。

ところが、世のなかにはトローリングに関する誤解が蔓延している。いわく、「希少で高価なルアーを使わないと釣れない」「専用の特殊なタックルが必要」「とても難しい釣りで、何年も魚が釣れないどころか当たりもかすりもしないのが普通」「外国へ行かないとできない釣り」

なぜこのような誤解が生じるか。一つはバカッ高いルアーやタックルを売り付けるための業者のアオリ。もう一つは、自分がやってる遊びを高尚なものと思われたい釣り人が、ことさら難しいものとして語ることが多かった。そういうことが狭い世界のなかで連綿と続いてきたことが強く影響していると思う。

それに輪をかけて、テレビ番組で有名タレントがトローリングをするのは決まって

敷居が高い釣りと思われがちのトローリングだが、手軽に試してみるのであれば、あり合わせのジギングタックルやボート釣りタックルでも十分楽しめる。専用タックルを買い込む前に、まずは手持ちのタックルで一度やってみよう

外国の釣り場であり、これがなかなか釣れない。釣れないから釣り以外の要素が多くなり、ぜいたくでお金がかかる割に魚は釣れない、という思い込みが生じる。そういういろんなことが重なった結果、トローリングは自分たちには縁のない遊びだと多くの釣り人に思われてしまったんだろうね、たぶん!!

最初に書いたとおり、トローリングはとても簡単な釣りだ。釣れるルアーを正しくセットしてボートを走らせていれば、それだけで魚は釣れる。カツオ、シイラどころか、マグロやカジキでさえ、ボートが行ける範囲内に魚がいさえすれば、だれにでもチャンスがある。ところが、その釣れるルアーとはどんなルアーか？ 正しくセットする方法は？ タックルは？ ボートの装備は？ 魚の探し方は？ そういう疑問に答えてくれる情報がとても少ない。そのことが、トローリングは難しい釣りだという誤解を生じる大きな原因になっていた。

この本は、そんな疑問に答え、誤解を解き、トローリングの敷居を下げるための入門書として企画された。初めてトライしてみるんだったら、ボートにロッドホルダーだけセットしてアウトリガーなし、手持ちのジギングタックルやボート釣りタックルでカツオやシイラをねらってみるのがお勧め。そのための方法もちゃんと紹介してるし、そのとき目の前にカジキが現れたらどうするか、最初から本気で大きなカジキやマグロをねらうにはどんなタックルとルアーでどんな釣り方をするかまで一とおり網羅している。

それともう一つ、とてもシンプルで簡単なトローリングのどこがそんなにおもしろいのか。その点にも力を込めて書いたつもりだ。だからチャーターボートでトローリングを楽しんでる皆さんが読んでも、キャプテンはこういうことを考えながらボートを走らせてるのかと気づいて、この釣りがさらにおもしろくなるはず。

さらに加えて、テレビ番組などがトローリングを取り上げるときに、出演者や担当ディレクターがこの本を読んで、少しでもこの釣りをまともに扱ってくれたら世間の見方も変わるのではないか。そんな願いも込めつつ、キーボードをぶっ壊す覚悟で叩き続けるので、よろしくお付き合い願いたい。それでは、いざ出港!!

曳き縄釣りとの違い

トローリングとよく似た釣り方に、漁船が行う曳き縄釣りというのがある。船の両舷からグラスファイバー製の長いサオを出し、そのサオと船尾から太い釣りイトを伸ばし、船を走らせてルアーを曳く。ロッドやリールは使わず、掛かった魚は手でイトを手繰って釣り上げる。何十年も前から伝わる伝統漁法の一つである。

漁船の曳き縄釣りはいかに効率よくたくさんの魚を釣るかというプロフェッショナルな思想に貫かれている。ストライクがあるたびに、船速を落としてファイトしないといけないトローリングとは、まったく似て非なる釣りだ

日本にトローリングの技術が導入される以前から、漁船は曳き縄釣りをごく普通にやってきた。船でルアーを曳くことも同じで、対象魚もほぼ同じ、さらにトローリングの初

トローリングと曳き縄釣り

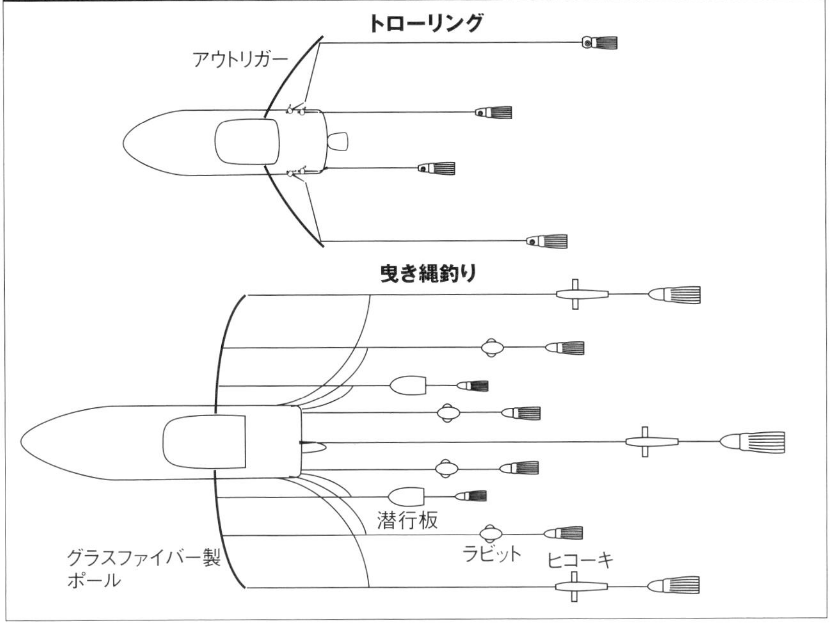

期に多くを曳き縄釣りから学んだことから、両者は同一視されることが多い。しかしながら、この二つの釣り方は思想がまったく異なる別の釣りであることをここで強調しておきたい。

カツオ釣りの例を挙げてみよう。曳き縄釣りは魚が掛かっても船を止めずに走らせたままで手繰り上げる。魚が大きいときは船速を落とすが、普通はトローリングスピードそのままか、わずかにスローにする程度。ハリに掛かったまま曳かれてる魚が囮になって、群れがそれを追い掛け、10本近く曳いてるルアーに次から次へと食いついてくる。それをどんどん釣り上げるから、うまくいけば一度に何十尾と釣れる。曳き縄漁船が、カツオを1日に何百キロと釣ってくるのは、そういう効率のよい漁法だからだ。

一方、トローリングは、ロッドとリールを使ってる限り、魚が掛かってラインを巻こうと思ったら、船速をアイドリングスピードまで落とさないといけない。そうするとルアーはアクションしなくなってしまうから、船速を落とすまでに2尾、3尾と掛かることはあっても、曳き縄釣りのように次から次へと追い食いしてくることはない。

掛かった魚を上げてる間に、当然、群れはどこかへ行ってしまうから、タックルを元に戻して群れを探すことからやり直さないといけない。もし掛かった魚が大きくて、ボートを停めないと巻けないくらいヒキが強かったら、ほかのタックルを全部上げないと絡んでしまう。釣りを再開しようと思ったら、魚を始末して、船速を上げて、タックルを全部元に戻して、群れを探すことからやり直し。これはけっこう手間がかかる。

それでも魚がたくさんいて、慣れたメンバーで手際よくやれば、1日に何十尾も釣れることもあるが、たくさん釣りたかったらほかにもっと数釣れる方法がいくらでもある。はっきり言って、トローリングは数釣りにはまったく向かない釣り方であり、曳き縄釣りとはその思想がまったく異なるのである。

限りない大物への夢

それでは、なぜそんなに効率の悪い釣り方をあえて選ぶのか。その理由として、まずトローリングで魚を探すのがおもしろい、ということがある。トローリングの対象魚の大部分は回遊魚で、その多くは表層を潮に乗って群れで泳ぎ回っている。底棲魚や根についている魚とは、魚の探し方がまったく異なるのだ。トローリングで大海原を走り回り、潮流や水温、潮の色などを手掛かりに魚を探すのは、とても開放的でポイント争いなどとは無縁のほかの釣りにない楽しさがある。

ところが、そのメソッドがほかの釣りとまったく異なり、なにしろ広い海が相手で、潮流などという得体の知れないものを相手にしないといけないことから、経験だけが頼りのとても難しい釣りであるかのように語られることが多かった。それが、トローリングを敷居の高いものにしている大きな原因でもあった。本書では、魚の探し方についても十分なスペースを割き、詳しく解説しているから、安心して読み進めてほしい。

トローリングのもう一つの大きな魅力として、大きな魚が釣れる、ということがある。これは誤解を招くといけないので、ほかの釣りでは出合えない大きな魚が釣れる可能性がトローリングにはある、と言いかえたほうがよいかもしれない。そうしておかないと、トローリングとは大きな魚しか釣れない、

数を釣るには効率がよいとは言えないトローリングだが、だったらどれくらい釣れるか試してみようとがんばった結果がこれ。魚がたくさんいれば、大型アイスボックスがいっぱいになることも、たまにはある

大きな魚がいるところでないとできない釣りだという誤解に、またしても陥ってしまう恐れがあるからね。

海で普通に釣れる大きさの魚、まあ30センチ以上もあればトローリングで十分釣れるし、身近なところにごく普通にいる2〜3キロまでの回遊魚をトローリングでねらっても十分に楽しい。ほかの釣りの行き帰りに、時間があるからトローリングでルアーを曳いてみようか、なんてことが日本でもっと盛んになれば楽しいんじゃないかと思う。そんな釣りをしているときに、ラッキーにも10キロを越えるような大物が掛かってくることがある。そんなチャンスをむざむざ逃すことなく、やり方さえ間違わなければ高確率で釣り上げることができるのが、トローリングだ。

そして、普段釣りをしてる海によい潮が回ってきて、もっと大きな魚、カジキやマグロが入ってきたら、これは願ってもないチャンス。見逃すことなくルアーを替えて、チャレンジしてみる。運よく釣り上げることができればよし。もし普段のままのタックルでは手も足も出ず、ラインを全部引き出されて逃げられたとしても、それは貴重な経験になる。

そこから先、普段のタックルのままで釣り上げる方法を考えるか、大物に通用するタックルを手に入れるか、ボートまで乗り換えて大物がもっとたくさんいる海に進出するかは、あなたの自由。足を一歩踏み入れたら底なしの世界が待っているので、そこはよく考えていただきたい。

おもしろいのはキャプテンだけか!?

さらに、もう一つの疑問にもお答えしておきたいと思う。チャーターボートのトローリングに対して一般レベルの釣り人の印象としてしばしば出てくる、「キャプテンが掛けた魚を巻かせてもらうだけの釣りのどこがおもしろいのか」という疑問だ。ほかの釣りの経験者であればあるほど、こういう疑問を感じるのが正直なところだと思う。

著者も同じようなことを感じていたが、一度釣ってからでないと、いくら考えてもわかることではないし、なにも言う資格はない。そう思ったので、自分で釣ってみた。場所は日本から飛行機で約3時間半のグアム。2日目に最初のストライクがあって、カジキが派手にジャンプするのが見えたが、ラインが勢いよく出ていく途中でフックアウト（ハリ外れ）。このときカジキの姿を見て、キレた。これはなんとしても釣らないと……。

満を持して次のチャンスに備え、数年後の同シーズンにふたたびグアムへ。そして、ついにカジキを釣ったときの印象は、「これは、たしかにおもしろいけど、やっぱりキャプテンが一番おもしろいんじゃないのかなあ……」というものだった。

だったら、自分がキャプテンで釣ってみるしかない。こうなったら「毒を食らわば皿まで」である。大阪の自宅から日帰りで行ける和歌山県すさみのチャーター船で釣りをして経験を積み、2年目にカジキをキャッチ。その間、グアムへも釣りに行き、ライトトローリングでカツオやシイラ、カマスサワラなどの釣り方を勉強する。やってみればカジキ以外の魚を釣るのも、それぞれにテクニックがあっておもしろい。このあたりで、ライトトローリングの楽しさに気がついた。

そして、2000年8月にマイボートを手に入れて釣り開始。最初のシーズンはカジキのストライクはあったもののキャッチすることはできず、カツオ、シイラなどを釣っただけに終わった。マイボートで初のカジキをキャッチしたのは翌年6月のことで、このシーズン、5尾のカジキをキャッチ。勢いにまかせて、ついにはチャーターボートのキャプテンになってしまった。最初は毒を食らわば皿までのつもりだったのが、気がつけば自らシェフになって、ゲストに出す料理に毒を仕込んでる自分がいたわけだ。

チームワークで楽しもう

トローリングでいろんな人たちといろんな魚を釣ってきて思うのは、この釣りは1人では成立しないということである。たまに1人で釣りに行ってカジキを釣ってくることもあるが、そんなのは例外。やはりボートを操縦するキャプテンと、タックルを使って魚と

著者が98年7月10日にグアムでキャッチした120ポンドのファーストマーリン。このころはチャーターボートオンリーで、まさか自分がマイボートのキャプテンになるなんて思ってもいなかった

ファイトするアングラー、魚を取り込むクルーがいて、それぞれの役割を分担しながら魚を釣るほうが楽しい。その手際とチームワークが心地よい。釣れた魚がだれか1人のものと言えない釣りだから、獲物はすべて一つのアイスボックスに一緒に入れて、帰港してから分配する。トローリングとは、あくまでチームで楽しむ遊びなのである。

運よく大きなカジキやマグロが釣れたとしても、魚とファイトしておもしろい目を見られるのは1人だけじゃないかと言われるかもしれないが、そんなことはない。キャプテンがおもしろいのは当然として、それ以外のメンバーも、大きな魚を釣るのを手伝うだけで十分楽しい。大きな魚が釣れるのを見ているだけで、へたな魚を釣るよりエキサイトできる。カジキほどの大きさの魚になると、釣れた喜びをだれかが独り占めできるものではない。その場に居合わせた全員が幸せになって、「釣れてよかったね」という言葉をごく自然に言い合える。そういう釣りである。

ボートに乗る全員がそのことをよくわかっていればいるほどトローリングは楽しくなる。キャプテンはもちろん、アングラーもクルーも、チーム全員のスキルが上がれば上がるほど、この釣りの本当の楽しみは増す。つまり、あなたのスキルが上がれば全員の楽しみが増し、それがまたあなたのおもしろみに帰ってくる。まさに「One for all, All for one」の関係にあると言える。

そういう釣りだからこそ、キャプテンはもちろん、同乗者もスキルアップの努力をしてほしいと思う。たまたま一緒に釣りに来ただけの人にも、この釣りのおもしろさを説明してあげてほしいと思う。そのために少しでも役立つように、この本はできるだけわかりやすく書いたつもりだ。それではタックルの勉強から始めよう。

Trolling tackles
トローリングタックル

ロッド(rod, fishing rod)

ロッドとは釣りザオのことだが、海外への釣行時に空港の税関でロッドケースの中身を問われて、「Fishing rods」と答えても、「なに?」という顔をされることがよくある。こういうときは「Fishing poles」と言えばたいてい通じる。いかにも旅慣れた風を装いながら、そう言って税関を通過すれば、同行者に出足から差をつけることができるというもの。それで自分に魚が釣れるかどうかは知らないけどね。

さて、トローリングロッドだが、専用のものはローラーガイドやアルミ製のバット(手元部分)を装備していて、いかにも物々しい感じがする。おまけに異様なほど太くて硬くて、ちょっとくらい力を加えても曲がりもしない。こんなごついサオで魚を釣っておもしろいのかと思われるかもしれないが、たいそうな装備にも、過剰としか思えない硬さにも、すべて理由があるのだ。

なぜ棒のように硬いのか

トローリングロッドが棒のように硬いのは、魚とのファイトを効率よく行うためだ。大きな魚が掛かって猛烈なスピードで走ると、ラインがリールから何百メートルも引き出される。何百メートルもの長さのナイロンラインに強い力がかかると、簡単に何メ

トローリングロッドのいろいろ

左から、ジギング用スピニングロッド、ジギング用ロッド、リングガイドロッド、同、スタンディングファイト用ショートロッド、同、フルサイズのトローリングロッド（30ポンドクラス用、50ポンドクラス用、80ポンドクラス用）

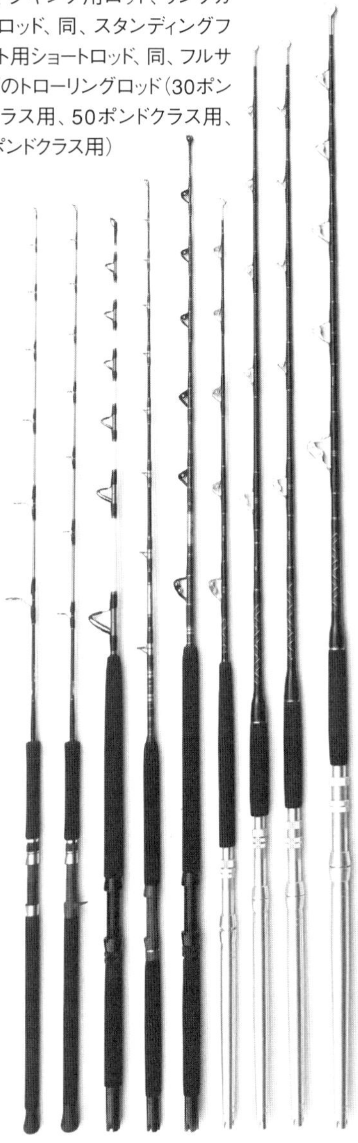

ロッド各部の名称

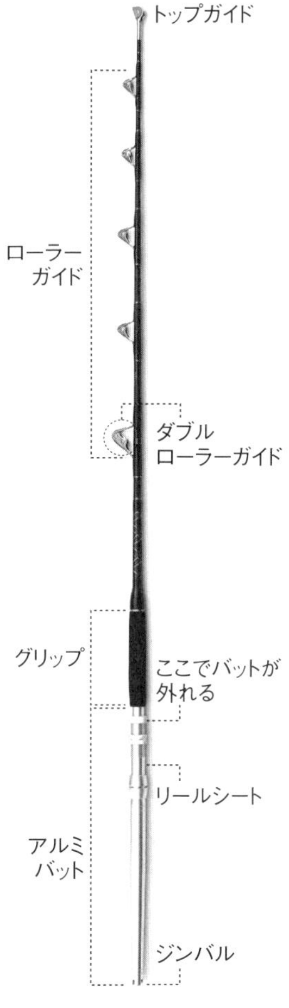

IGFAのロッドに関するルールでは、装着したリールの中心点の真下からロッド先端までの長さは40インチ（101.6センチ）以上、バットの先端までの長さは27インチ（68.58センチ）以内でなければならないと定められている

トローリングロッドはあまり曲がり過ぎないほうが魚とのファイトがしやすい。ロッドに表記されているポンド指定は、そのラインの強度に合わせたドラグテンションに対してもっともファイトしやすい硬さのロッドであることを示している

ートル、何十メートルと伸びる。こうなると魚を引き寄せようと思っても、まるでゴムひもで引っ張ってるようなもので、簡単に引き寄せられない。そのときにロッドまで大きく曲がると、ますます引き寄せにくくなってしまうから、硬いロッドのほうがファイトが楽に行えるというわけ。

ロッド本体はカーボンファイバーかグラスファイバー、あるいはその両方をプラスチックで固めたFRP（Fiber Rainforced Plastic）製の筒状のシャフトで、とても丈夫な素材でできている。科学的に安定していて、油や薬品、紫外線などにも強いが、強く曲げながら船べりの角に当てたりするとポキンと折れることがある。ボートの金属部分などにぶつけたりすれば当然傷付き、それが原因で折れることもあるので、取り扱いには注意しなければならない。

そういうことに注意しつつ、十分な手入れをしながら使い続ければ、普通は10年以上使えるものだ。何万円もするトローリングロッドだが、ほかの釣りザオのように釣り方や流行に合わせて買いかえるようなことはまずないし、必要な本数そろえれば、それをずっと使い続けることができるので、使った年数で割り算すれば決して高い買い物ではないと思う。だから、ちょっとくらい高価でも信頼の置けるメーカーの製品をお勧めしたい。

ロッドに書かれたポンド数の意味

ロッドには、ラインクラスの数字がポンド数で書かれていて、同じクラスのラインとセットで使えば、魚とのファイトがしやすいように作られている。

リールにはドラグという安全装置があって、魚が強い力で引いたときにラインが切れるのを防ぐために、自動的に逆転してラインが出ていくようになっている。このときの力に対して、ラインクラスの合ったロッドであれば、もっともファイトしやすい適度の曲がり方をしてくれる。このバランスが悪いと、ロッドが大きく曲がり過ぎてファイトしにくいか、ぜんぜん曲がらなくて“ノー感じ”かのどちらかで、せっかくのファイトがぜんぜんおもしろくない。

わざと柔らかめのロッドを使って魚のヒキを楽しむ考え方もあるが、そのときはラインも細くするべきで、オフバランスは避ける

トローリングロッドにはポンドクラスの数字が書かれているので、ラインのポンドクラスと合わせて使おう

ラインクラスとIGFA

ラインクラスとはラインの強さの規格のこと。米フロリダ州に本部があるIGFA(International Game Fish Association)というスポーツフィッシングの国際団体が釣りのルールと釣れた魚の記録を統括管理していて、そのルールで決められたラインの強さの段階は次のとおり。トローリング大会の競技や大物記録はIGFAルールに則って管理されることが多いが、なかでも重要なのがこのラインクラスだ。日本にはJGFA(Japan Game Fish Association)があり、IGFAの精神とルールに基づいた活動を行っている。

2ポンド	1kg	20ポンド	10kg
4ポンド	2kg	30ポンド	15kg
6ポンド	3kg	50ポンド	24kg
8ポンド	4kg	80ポンド	37kg
12ポンド	6kg	130ポンド	60kg
16ポンド	8kg		

のがスマートなやり方だ。

ローラーガイド

大きなカジキやマグロが掛かって、ものすごいスピードでリールからラインを引き出しながら走っていくのを経験したことがある人なら、ローラーガイドの意味はわかるはず。その目的は、ひとえにラインをスムースに送り出すため。リングガイドの素材を問わず、スムースさではベストコンディションのローラーガイドに勝るものはない。そのため、高級ロッドのローラーガイドには、ボールベアリング入りなんていうのもある。

ローラーガイドのスムースさは、リールのドラグが正確に作動するのを助ける。満身の力を込めてゴリゴリとラインを巻き込むのも、当然楽になる。ただし、塩がみや油切れで回転が悪くなっていることがよくあって、そうなるとすべてはパーだから、注意しないといけない。

それと、大きな魚をねらうのでなければ、ローラーガイドでなくても、なんの問題もないことをつけ加えておこう。カツオやシイラクラスなら、ジギングロッドや短めのボートロッドでも硬ささえ適当なら十分使うことができるし、スピニングタックルでもかまわない。トローリングは専用タックルがないとできないという誤解がつきまといがちだが、決してそんなことはないのだ。

アルミバット

アルミバットは、ロッドに突然強い力がかかったときに根元部分が衝撃で折れるのを防ぐのと、魚とファイト中にリールがずれたり取り付け部分が壊れたりしないだけの強度を確保している。トローリングではそれほど強い力が掛かることがあって、決してこけおどしや大げさな装備ではないのだ。

ロッド本体からはネジで外れるようになっていて、運搬時はバットの長さ分だけコンパクトになる。スタンディングファイトと言ってロッドを手に持って立ってファイトするときと、ファイティングチェアに座ってファイトするときとでは、扱いやすいバットの長さが異なる。そのためにアルミバットには長短があり、取り替えて使うことができる。

トローリングはロッドを常時手に持って釣ってるわけではなく、少々重くてもかまわ

スムーズな回転が命のローラーガイド。一番手元にはダブルローラーガイドが装着されていることが多い

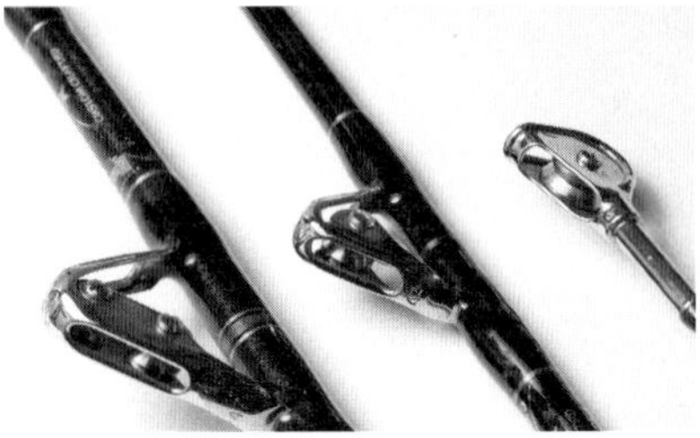

短めのロッドを使えば背の低い人でも素早くラインをつかむことができて作業が楽になる

ないから、軽さよりも丈夫さ優先でアルミバットがセットされているわけ。これも必須ではなく、スタンディングファイト用のロッドには、FRP製のシャフトがバット部分まで貫通した構造のものも多い。

長さの問題

フルサイズのトローリングロッドは普通7フィート（約2.1メートル）前後の長さがある。これはファイティングチェアでファイトするためのもので、魚がボートの横へ回ったときに船べりをかわすのとファイトのしやすさから、一番扱いやすい長さに設定されているのだと思う。

スタンディングファイト用のロッドはもっと短くて、5〜6フィート（約1.5〜1.8メートル）のものが多い。これは立ったままのファイトで体に掛かる力を考えたときに、短いほうが楽で扱いやすいからだ。

著者のボートは、幅が3メートルちょっとしかないので、ファイティングチェアを使うときでも6フィートのロッドを常用している。これには二つの理由があって、一つはこの長さで船べりをかわせること。もう一つは、身長165センチの著者が軽く手を伸ばせば、サオ先に手が届いてラインをつかむことができて、ルアーをセットしたり回収したりの作業がとても楽だからだ。積極的に短いロッドを使う理由としては、後者のほうが大きい。

著者が愛用するロッドは、スタンディングファイト用ロッドのアルミバットを、長いものに替えている。ツナスティックというマグロ釣り用の短めのロッドで、最初から長いバットが付いたものもある。ファイティングチェアのジンバル（ロッドのバットをセットする部分）が、よいものは簡単に高さ調整できるようになっているから、その場合は短いバットでもかまわない。スタンディングファイトなら短いロッドに短いバット。一般に国内のチャーターボートは漁船が多いので、そのときは短いロッドのほうが扱いが楽。トローリングロッドはロッド自体の性能や扱いやすさだけでなく、ボートの大きさや装備、ファイティングスタイルなども考慮して選ぶ必要がある。

使用後の手入れ

ロッドは使用後よく水洗いして、乾いたタオルで拭いて水気を切り、陰干しして十分乾かしてから保管しよう。ローラーガイドは特に気をつけて、塩気をよく洗い流しておかないといけない。

ローラー部の回転に少しでも抵抗を感じたときは、釣りの最中なら真水で洗い流してからCRC6-66などの潤滑剤を差してやる。それで回転が復活すればオーケー。復活しないときは使用を中止して、分解掃除をする必要がある。掃除しないで無理矢理使い続けると、ひどいときには完全に回らなくなるか、回ってもカラカラカラなんて音がしはじめる。そうなったら、かなり重傷。そんなことにならないように、早めに手入れをしよう。

ローラーガイドの分解掃除は、手間はかかるけど簡単。ネジを外してバラし、オイルで汚れをよく流して、オイルを含ませた柔らかい布できれいに拭いてからふたたび組み立てる。このとき、ネジに緩み止め専用の接着剤を付けてやる必要があるが、たくさん付け過ぎると回転部にはみ出して固着してしまうことがあるから要注意。

なお、ローラーガイドは釣り開始前に回転をよくチェックすることをくれぐれもお忘れなく。そうしないと、魚が掛かって走り始めてから、「回ってない」ではすまないからね。

ローラーガイドの回転が悪くなったときは、すぐに分解掃除をしよう

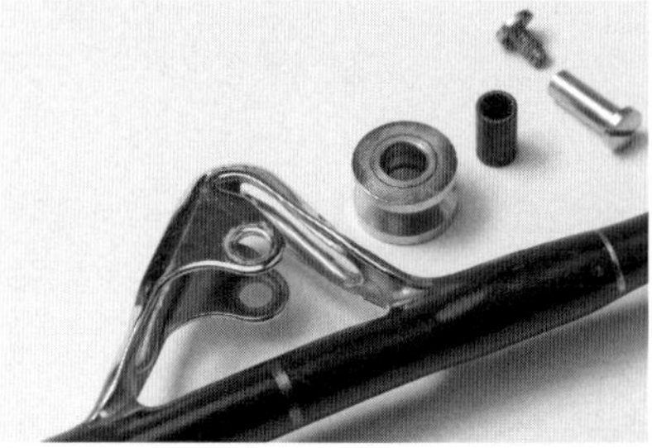

リール(reel)

アーネスト・ヘミングウエイやゼン・グレイなど、トローリングの偉大なる先駆者の釣りシーンを今でもビデオや写真で見ることができる。そのなかに写っているタックルを見ると、トローリングロッドは現在のものと大した違いはないのに、リールのほうは構造も材質もいかにも古めかしくて、その後大きな進化があったことがわかる。

アメリカの釣り博物館などで見ることができるごく初期のトローリングロッドは、シャフトこそ木製でほとんど曲がらないが、丈夫なバットや当時なりに工夫したローラーガイドをちゃんと装備したものがあって、今でも十分使えそう。木製のシャフトは古いゴルフクラブなどでも同じで、曲がらなくてもがまんすれば使うことができる。現在のFRP製ロッドでも、さほど曲がってるわけじゃないからね。アンティークショップで程度のよいのが見つかったら、一度そういう古いロッドで釣ってみたいと前々から思っているのだが、使

トローリングリールのいろいろ

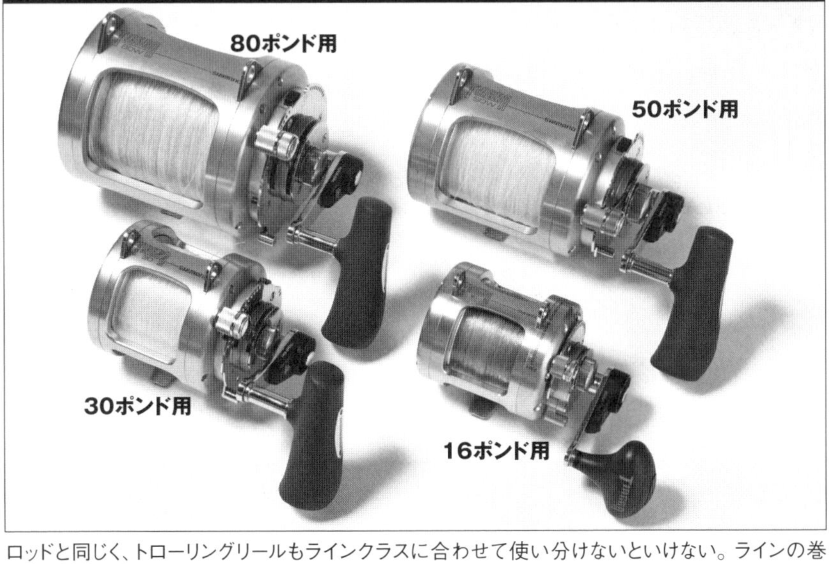

ロッドと同じく、トローリングリールもラインクラスに合わせて使い分けないといけない。ラインの巻き量だけでなく、ドラグ設定も適合クラスに合った強さのところでもっとも調整しやすいように作られているため、大は小を兼ねるというわけにはいかないのだ

トローリングリール各部の名称

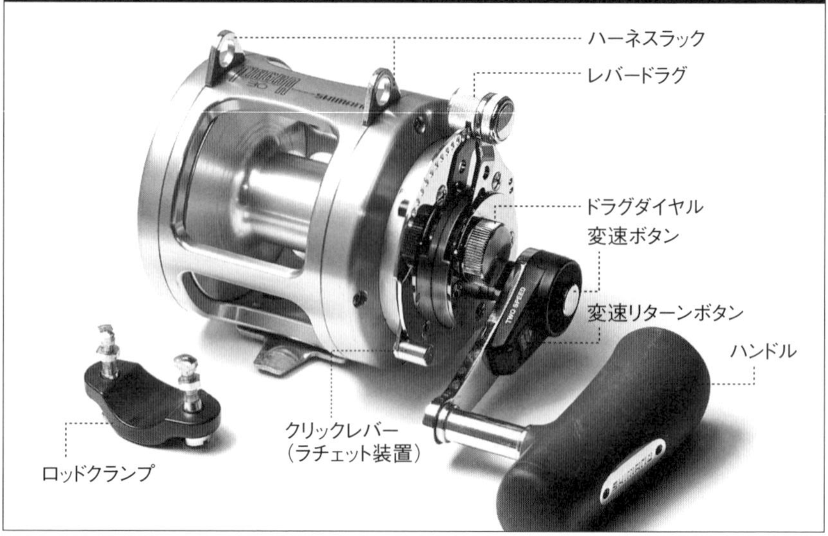

えそうなものとなると数百ドルもするので、なかなか手を出せないでいる。

ロッドにくらべると昔のリールのほうは、「よくこんなので大きな魚を釣ってたなー」と思ってしまうような、“イト巻き機械”と言うのがふさわしいものが多い。ごつい割に簡単な構造で、頑丈一点張り。ギアやドラグの構造がバラエティーに富み、なんとか大きな魚を釣り上げようと苦心惨憺したことがしのばれて、見るのはとても楽しいが、使ってみようとはとても思わない。

それにくらべると、現在のトローリングリールは、レバードラグや二段変速ギアなど非常に洗練されたシステムを備えていて、大きな魚とのファイトがとても楽でおもしろく釣ることができる。魚の大きさにくらべると圧倒的に細いラインを使って、長時間かけてスリリングなファイトを楽しむことができるのも、優秀なリールのおかげだ。

トローリングリールが巨大なわけ

トローリングを知らない人がトローリングリールを見ると、その巨大さにまず驚く。なぜそんなに大きいのかと言うと、大きな魚が掛かってラインを引き出しながら走ったときに500メートル以上、ひどいときには1,000メートル近く出ることがあって、それを上回る量のラインを巻いておかないといけないからだ。

ロッドと同じくトローリングリールにもポン

ドクラスの数字が明示されていて、そのポンド数のラインを500～1,000メートル弱巻くことができる。相当大きな魚が来ても大丈夫なだけの糸巻き量があるわけだ。ドラグのブレーキ力も、所定のポンド数に合った強さのところで一番調整しやすいように作られている。だからロッドとリールとラインはポンドクラスをそろえて使うのが原則だ。

　もちろんラインが細くなれば、その分リールも小さくなる。12ポンドクラスとか、16ポンドクラスのトローリングリールは、大きなリールのそのままの縮小ではなく、ハンドルやレバー、ノブなどの操作部は大きいまま。子犬や子猫の目や耳が大きいのと似ていて、とてもかわいい。大きいばかりがトローリングリールではないのだ。

イト巻き量の問題

　自分はそんなに大きな魚は釣らなくてよい、10～20キロくらいまでの魚が釣れれば十分というのであれば、専用のトローリングリールでなくてもかまわない。ドラグさえしっかりしていれば、ジギングリールでも船釣り、磯釣り用リールでも使うことができる。それもなければスピニングリールで釣ることも可

代表的なトローリングリールのスペック

Tiagra（シマノ・ティアグラ）LRSはドラグ力強化モデル

品名	ギア比	自重（g）	イト巻き量（ナイロン・ポンド-ヤード）
12	3.9 / 1.7	970	12-880/16-650/20-460
16	3.9 / 1.7	1,060	16-98020-670/30-430
20A	3.9 / 1.7	1,410	20-690/30-470
30A	3.9 / 1.7	1,485	30-700/50-420
30W LRSA	3.9 / 1.7	1,575	30-935/50-570
50A	3.1 / 1.3	2,365	50-600
50WA	3.1 / 1.3	2,445	50-850
50W LRSA	3.1 / 1.3	2,445	80-550
81WA	2.5 / 1.3	3,265	80-950
131A	2.1 / 1.15	4,935	130-845/ダクロン130-1000

International Vシリーズ（ペン・インターナショナル）Pはドラグ力強化モデル、Xは巻き上げ力強化モデル

品名	ギア比	自重（g）	イト巻き量（ナイロン・ポンド-ヤード）
16VS	5.3 / 2.1	1,150	16-1,000
16VSX	4.25 / 1.4	1,160	16-1,000
30VSW	3.8 / 1.6	1,700	30-1,100
30VSX	3.8 / 1.8	1,699	30-400
30VSWP	3.8 / 1.6	1,700	30-1,100
50VSW	3.1 / 1.3	2,115	50-950
50VSX	3.1 / 1.3	2,122	50-550
50VSWP	3.1 / 1.3	2,115	50-950
70VS	3.1 / 1.3	2,525	80-900
70VSWP	3.1 / 1.3	2,525	80-900
80VSW	3.1 / 1.4	3,195	80-950

能だ。ただし、イト巻き量は300メートルくらいはほしい。

これは日本の特殊事情だが、100キロオーバーのカジキがいて、その下は10キロ台のシイラならたくさんいるのに、その間を埋める対象魚がいない。日本の海で数十キロクラスの対象魚というと、マグロ類、カマスサワラ、バショウカジキなどが考えられるが、普通にねらってこれらと出合える確率は微々たるもの。運よくマグロ類が来ても、普通は大きくて10〜30キロまで。それも確率はごく低い。もっと大きなマグロ、特に高級魚のクロマグロをねらってみたいという話は聞くが、こんなのは宝くじを買うようなものだから、話だけにしておいたほうがよいと思う。

20キロまでのマグロ類やシイラなら、専用のトローリングリールでなくても釣ることができる。ラインは500メートルも巻いてあれば十分。それもごくまれな大物まで考慮しての話で、普通は300メートルでも間に合う。それでは万が一のときに不安というのであれば、後述する細くても強靭なPEラインを使うことで、イト巻き量を飛躍的に増やすことができる。このようないろんな要素を総合すると、国内のトローリングでカジキ以外の魚をねらうのであれば、専用のトローリングタックルでなくても釣りとして十分成立することになる。著者がジギングタックルなどを使ったトローリングをお勧めするのは、そういう諸条件を考えてのことである。

ただし、実際に使ってみればわかると思うが、トローリングにはやはりトローリングリールが使いやすくて理にかなっている。レバーとダイヤルで調節するドラグシステム、ワンタッチで切り替えることができる二段変速ギア、釣具店や家で聞くと耳障りなほど大きくて甲高い音がするラチェット装置など、ほとんどのトローリングリールがそろいもそろってこれらを同じように装備しているのは、欠くべからざる存在理由があるからだ。では

トローリングでは魚とのファイトの中心にリールがある。そう言っても過言ではないくらいの大きな役割を果たす最重要タックルがリールだ

レバードラグの扱い方

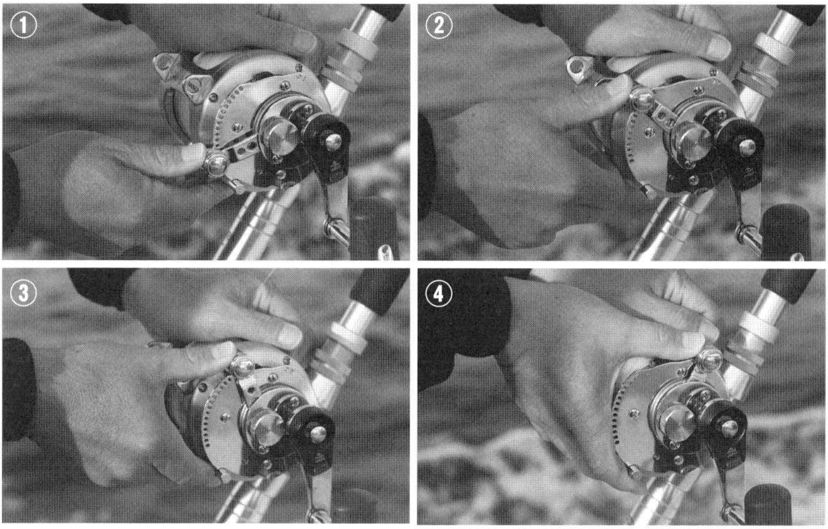

①フリースプールポジション／スプールがフリーになってラインを出すときの位置
②ストライクポジションから少し戻した位置／ここでストライクを待つ
③ストライクポジション／魚が掛かってファイトするときの位置。ここでいったんロックが掛かる
④ロックポジション／ドラグが最大値になる位置

次に、これらについて説明していこう。

なぜレバードラグなのか

トローリングリールの大きな特徴としてレバードラグがある。普通の太鼓型リールは、ハンドルの根元に付いてる星形や十字形のダイヤルでドラグのブレーキ力を調整する。このタイプのリールでは、スプールの逆転にブレーキをかけるワッシャ類はギア部に内蔵されているので、サイズや調整精度に限界があり、トローリングのように強いブレーキで激しいファイトをするには性能が追いつかない。それと、ドラグが滑ってスプールが逆転してるときもギアが作動しているので、無理がかかるということもある。そこでトローリングリールではまったく異なったブレーキシステムを採用しているのだ。

レバードラグは前後に動かすレバーとその付け根にあるダイヤルの二つでブレーキの強さを調整するようになっている。レバーは一番手前がフリーポジション。前へ動かすと次第にブレーキが強くなり、ストライクポジションでいったん止まる。ストライクポジ

ラチェット装置には代表的な二つの形式がある。左は本格的なトローリングリールに多いレバー式。右は構造がよりシンプルなスライドノブ式

ションから前へレバーを動かすには、ボタンを押すなどしてロックを解除する必要がある。ストライクポジションを越えて一番前がロックポジション。ドラグが最強になる位置だ。ダイヤルの調整は、時計回り(締め込む方向)に回せばブレーキが強くなる。

ブレーキ調整の方法は、レバーがフリー位置で、まずダイヤルを回して適当な位置まで締め込み、レバーをストライクポジションまで動かして、そこでブレーキの強さを確認する。さらに調整の必要があるときは、もう一度レバーをフリーの位置に戻し、ノブを回して調整し直し、ダイヤルをストライクポジションまで動かして再確認する。

ブレーキの強さの確認は、魚の重さを量るのと兼用できるドラグゲージというバネばかりを使う。ロッドにリールをセットし、ガイドにラインを通した状態で、ラインの先にドラグゲージのフックを引っ掛け、魚が引くのと同じようにラインを引き出して、そのときのブレーキの強さを調べる。

ドラグの強さはラインのボンド数の5分の1から3分の1にセットするのが基本。ドラグの使い方は、対象魚種によりさまざまなテクニックがある。詳しくは各魚種の釣り方のところで解説したい。

ラチェット音が大きいわけ

ジギングリールをトローリングに使って一番困るのは、ドラグ性能でもパワーでもサイズでもない。ラチェット装置を装備してないものがあるということだ。ラチェットをオンにしておくと、魚が掛かってラインが引き出されたときに派手な音がする。キャプテンはこの音を合図にただちにボートを操作しないといけないのに、音がしないリールだと、魚が来たのに気づかないことがある。

これは、スピニングリールのスプールが逆転したときに出る音が小さいのも同様。高

(左)ハンドルの中心部に取り付けられた二段変速ギアの切りかえスイッチ
(右)リールをロッドにしっかり取り付けるためのクランプ。ネジはきっちり締めておこう

級なスピニングリールほど上品でおとなしい逆転音なので、トローリング時はボートのエンジン音にかき消されてしまって聞こえない。慣れたメンバーが同船していればよいが、そうでないとキャプテンは前と後ろを同時に気にしながらボートを走らせるという、忙しいことになってしまう。トローリングリールのラチェット音が大きくて派手なのは、ボートのエンジン音に負けずによく聞こえなければいけないという、ちゃんとした理由があるのだ。

二段変速ギアの使い方

掛かった魚を巻き寄せるときは、釣り方のところで説明するポンピングというテクニックを使うが、大きな魚が掛かると重すぎて巻けないことがしばしばある。そんなときに活躍するのが二段変速ギアだ。ハイギアではハンドルがぜんぜん動かないときでも、ローギアにすると、あーら不思議、スムースにハンドルを回すことができる。まあそれも程度問題だが、ギアの変速をうまく使うことで、大きな魚とのファイトを有利に進めることができるわけだ。

魚が表層を泳いでいるときは、比較的楽にリールを巻くことができる。大きなシイラやカジキが掛かってファイト中、急に軽くなってフックが外れたかな、と思うことがある。そんなときは、できるだけ素早く巻いてラインを回収しなければならない。魚がボートに向かって走って来てるときにラインがたるむと、それが原因でフックが外れてしまうことがあるのだ。そういう魚の動きが激しいときは、できるだけハイギアを使うようにする。

一方、魚が深く潜ったときは、大きな水圧がかかって巻くのが大変。マグロ類は大きくなればなるほど一貫してこういう抵抗の仕方をする。こんなときはローギアでゴリゴリと力ずくで巻かないと、いつまでたっても上がって来ない。まあこんな具合に、ギア比は臨機応変に使い分けよう。

使用後の手入れと整備

真夏の天気がよい波気のある日にトローリングをしていると、リールが波しぶきを被って、それがどんどん乾き、まるでリールの塩漬けを作ってるような状態になる。そうでなくても波しぶきは被りっぱなしなのがあたりまえ。トローリングリールは、魚が掛かったときも過酷な使い方をされるが、そうでないときもほかの釣りよりはるかにひどい条件で使われてるのではないかと思う。

それほど酷使されるトローリングリールだから、使用後はよく手入れしておこう。釣りから帰ったら、よく水洗いして、乾いた布で拭き、陰干しでよく乾かしておく。作動部には定期的に注油し、動きが悪くなったらすぐに点検する。回転部や作動部の動きが悪くなる原因としては、海水の塩分がベアリングや狭い隙間に入り込む、「塩がみ」と呼ばれる現象が一番多い。これを防ぐ方法をメーカーのエンジニアに聞いたところ、水洗いしたときによく動かして塩分を流し出すのが一番効果的だそうだ。

一、二世代前のトローリングリールのなかには、大きな魚と数回もファイトすると、ドラグを分解掃除しないとスムースに作動しなくなるものがあった。今でも、なかにはドラグがすぐにへたったり、ギアが飛んだりするリールがあるらしいが、世界的に定評のある最新の製品は、大物と何回ファイトしてもビクともしないだけの性能を備えている。それでも永久にそのまま使えるものではなく、ある程度使ったら整備しないといけない。そのときはメーカー整備に出そう。

整備の頻度は使い方にもよるのでなんとも言えないが、著者の例を挙げると、年間30～50日ほど使って1、2シーズンに1回のペースで、オフシーズンにメーカー整備に出すようにしている。1シーズンで整備に出すか、2シーズン使うかは、魚とのファイトの頻度による。そのため、どのリールにどれくらい大きな魚が何回掛かって、どれくらいファイトしたかを常にチェックし、カルテを残している。

トローリングリールのドラグシステムは、カーボン製のブレーキシューを金属版に押し付ける抵抗でブレーキをかけているものが多い。その点で大きな違いはないのに、ブレーキのスムースさや調整のしやすさ、安定性、パワー、耐久性などのドラグ性能は、製品によって大きな違いがある。その理由は、ブレーキ素材や各パーツの精度が違っているからだ。もちろん組み付け精度の問題もある。ここまで書けばご理解いただけると思うが、素人がへたに分解整備に手を出すのは、やめたほうがよい。

ラインとリーダー(line & leader)

ラインとは釣りイトのこと。リーダーとは日本でハリスと言われる先イトのことだが、日本の一般的なエサ釣りでは先へ行くほど細いイトを使うのに対し、トローリングではリーダーのほうがはるかに太いものを使う点が異なる。

ラインの素材でもっとも一般的なのはナイロン。古くはダクロン製のラインも使われたが、現在は少なくなっている。それに代わって登場してきたのが、ナイロンやダクロンよりもはるかに強靭なPEライン。その特性に期待してトローリングにも導入され始めているが、同じ強さのナイロンにくらべてはるかに細くて繊細なだけに、取り扱いには細心の注意を要する。そのあたりのことも含めて、ラインとリーダーについて解説していこう。

ナイロンラインの製法と特性

ナイロンはポリアミド繊維の総称。ポリアミド繊維は、世界で初めて開発された化学合成繊維で、ナイロンは米デュポン社の商標だったが、その後一般にナイロンと言うようになった。日本で最初に東レが発売したナイロン製の釣りイトは、同社の商標

トローリングラインのいろいろ

ラインには、高性能高級品から得用廉価品までいろいろあって、価格も数倍の幅がある。写真の小さなラベルが張ってあるのは、某メーカーの試作ライン。実釣に使ったものをメーカーに送り返して強度などを計測することにより、どれぐらい弱ってるかなど、多くの貴重なデータを得ることができた

を用いてアミランテグスと称した。テグスとは天蚕蛾（てぐすが）の幼虫から取った透明性の高い釣りイトのことで、化学繊維が登場する以前は、日本のテグスが世界でもっとも優れた釣りイトだったと言われている。

ナイロン製の釣りイトは、太さにかかわらず1本の繊維でできている。製造法は、米粒状の原料チップに熱をかけて溶かし、細いノズルから引き出して水をくぐらせ、完全に固体化する寸前のものを温度調整しながら細く細く引き延ばしていく。その間の温度管理と引き延ばし方、最後の伸びの戻し方、湿度調整などで、強さや伸びなどが同じ原料を使っていても全然違ってくる。驚くほどたくさんの釣りイトが釣具店の商品棚をにぎわせているのは、メーカーががんばって各種製品を作り分けた結果だ。

出来上がったナイロンラインは均質で透明度が高く、表面が滑らかで水切りがよく、耐久性にも優れている。特にリールに巻くのに最適だが、トローリングではナイロン以前から使われていたダクロン製の釣りイトから切りかわるのが、ほかの釣りより遅れた。その原因は、初期のナイロンラインに過剰な伸びがあったことで、大きな魚とのファイトがとてもやりにくかったと聞いている。この点は著者が体験したことではないので評価できないが、現在市販されているナイロンラインにも伸びの大小があり、伸びの小さいラインのほうが魚を早く寄せることが可能だ。

ついでに説明すると、ダクロンはポリエステル繊維のことで、これもデュポン社の商標。ナイロンラインと違ってごく細い繊維を組み合わせて1本の釣りイトに仕上げられている。こういうイトのことをブレイデッドラインと言う。ナイロンのような1本イトはモノフィラメントと言う。ダクロンは伸びの少なさと耐久性に非常に優れていることから、現在でもごく一部でトローリングに使われているが、日本の釣具店で商品を見かけることは少なくなっている。

太さと強さの問題

トローリングラインはIGFAの規格に合わせて作られている。IGFAルールでは、各ラインクラスの数字以上の強さのラインを使うと記録が認定されないし、釣り大会ではルール違反となる。そこでラインメーカーは安全を見越して、各クラスを数%下回る強さに仕上がるようにラインを設計、製造している。ただし注意点が一つ。現在のIGFAルールによるラインクラスはメートル法が優先で、たとえば8ポンドクラスは4キロを下回ればよく、厳密には8.81ポンドを下回ればよいことになるから、ぎりぎりの強さのラインを作れば8ポンドを

ナイロン、ダクロン、PEラインの特性比較

	強さ	扱いやすさ	傷に対する強さ	耐候性	寿命	伸び
ナイロンライン	○	◎	○	○	○	比較的大きい
ダクロンライン	○	○	○	○	◎	少ない
PEライン	◎	△	×	◎	扱い方による	ごく少ない

超えることもあり得るわけだ。

ラインが強さを基準に作られているということは、太さにはなんのしばりもないことになる。同クラスのラインでも太さは製品によって異なり、同じリールに巻ける長さも当然違ってくる。リールのスペック表に何ポンドラインを何ヤード（メートル）巻けると書かれているデータにくらべて、最新の高級ラインは多めに巻けることが多い。特に日本製のラインはその傾向が著しく、80ポンドラインが950ヤード（約868メートル）しか巻けないはずのリールに1,000メートル巻いて、まだかなり余裕があったりする。

同じ強さのラインをたくさん巻くことができれば、大きな魚が掛かって気が遠くなるほど突っ走っても安心。傷つくことが多い先のほうをどんどん切りながら使っても、残りがたくさんある分だけ長く使える。また、50ポンドクラスのリールに80ポンドラインを巻いて余裕でカジキを釣ったり、30ポンドクラスのリールに50ポンドラインを巻いて大物に備えるような使い方が実際に多くなってきている。ラインの長さに余裕があれば、そんなことも可能になるわけだ。

ただし細いのも程度問題で、あるメーカー製のとても細い試作ラインをリールに巻いてテストしていたときに、それを各地のキャプテンに見せたら、「こんなに細いラインは気持ち悪くて自分は使う気がしない」と口をそろえて言われた経験がある。なぜそういう感想が出てくるかと言うと、トローリングラインは無傷で使えるものではなく、どうしても使ってるうちに大小さまざまな傷がついてしまう。同じ傷がついたときは細いラインほどダメージは大きいから、あまり細過ぎるラインは心配で使えないのだ。特にチャーターボートのタックルはだれがどんな使い方をする

リールによっては本体にイト巻き量が表示されているものもある

かわからないから、キャプテンがそう言うのも無理はないと思う。

ラインの寿命

では、ナイロンラインはどれくらいの寿命があるのだろうか。「カジキと一度ファイトしたら取り替えないといけない」と言う人もいるが、本当にそうなのか。

その点については、実際に釣りに使ってカジキをキャッチしたラインをメーカーの技術者に渡して、強度がどれくらい落ちてるか調べてもらったことがある。試料は2シーズンで約70日使用。カジキと5回ファイトして、30キロのマカジキと100キロのクロカジキをキャッチ。先端部は表面のツヤがなくなり、見た目にもかなりひどい状態。普通はそこまで使わないのだが、このときはテスト用に無理を承知で使い続けた。

それをテストした結果は、先端部で約13%、中間部で約19%、リール底部で約15%の強度ダウンで、いずれも20%以内だった。先端部よりもリール底部のほうが強度低下が大きかったのは、カジキとファイト中に強い力で巻き上げたときに、下のほうのラインには想像を絶する力が掛かって押しつぶされて変形したため。傷だけでなく、そんな原因で弱ることがある事実を知ることができたのは、予想外の収穫であった。同様のテストは、その後も機会があるたびに続けている。

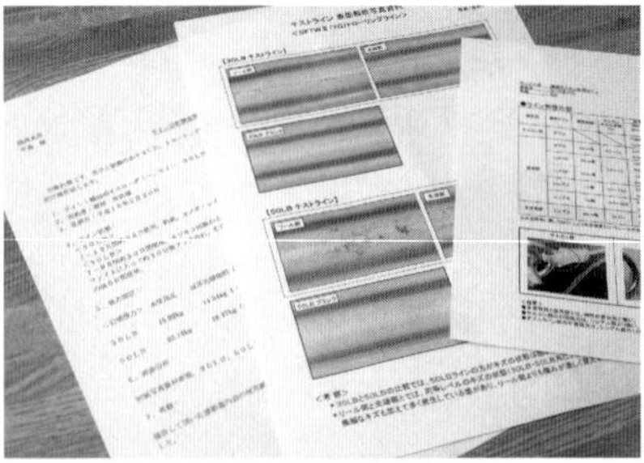

某ラインメーカーとラインの強度低下のテストをしたときに結果を知らせてきた資料

これほど使い込んだラインでも20%以内の強度低下であれば、ドラグの設定値がラインクラスの5分の1から3分の1であるのに対して、まず安心な結果と言えるのではないだろうか。ナイロンラインは明らかに使う側のミスと言えるような傷をつけない限り、少々魚とファイトしたくらいで取り替える必要はない。実際の話、カジキと毎日ファイトしたり逃げられたりしてるチャーターボートが、ラインを毎日巻き替えているなんて話は聞いたことないもんね。

ただし、ナイロンラインは紫外線に弱く、太陽光に当てっぱなしにしているだけで、どんどん強度が落ちていく。これはナイロンの分子結合が紫外線のエネルギーによって破壊されるためで、素材の特性上避けようがない。釣具店に置かれているラインが決して裸ではなく、ケースに入れられたり透明フィルムが巻いてあったりすのは、蛍光灯の紫外線による高度低下を避けることも目的の一つ。メーカーがそんなことをするくらいだから、長期に渡って使用したラインは、魚を釣ってなくても強度が落ちている心配がある。

ある程度の期間使ったラインは、やはり取り替えるのが賢明。その目安は数十日使用、大きな魚とのファイト数回といったところだろうか。後は見た目で表面にツヤがなくなってきたとか、結んだときに強く引っ張ったら意外と簡単に切れたとか、伸ばしたラインを回収したときに傷が気になり始めたとか。そういうことに注意するのがよいと思う。

著者は強くてたくさん巻ける80ポンドラインを80ポンドクラスのリールのスプールいっぱいに巻き、先のほうの傷ついた部分を30メートル、50メートルとどんどん切っていって、減ったのが目立つくらいになったら50ポンドクラスのリールに裏返しに巻きかえて、もう一度使うようにしている。50ポンド、30ポンドラインも同じように再利用する。特にひどく弱っていなければ、これで十分。なんの問題もない。

これは蛇足かもしれないが、もっと安く上げたければ、安価な1,000メートル巻きのラインでリールにピッタリ巻ける太さのものを使えば、ライン代が半額以下ですんで無駄が出ることもない。IGFAルールにこだわらない、記録なんかどうでよいというのであれば、それでも魚は釣れるし、ラインが弱くて困ることもない。

ラインのカラーは好みによりいろいろだが、ここ数年、蛍光カラーのラインが多くなっている。使ってみると、ルアーの位置確認やファイト時にラインが出てる方向を確認するのにとても見やすくて、見た目のきれいさだけでなく実戦的であることが理解できる。

PEラインの利点と注意点

PEラインとは超高分子量ポリエチレン繊維を使った釣りイトのこと。元になる繊維は非常に細く強靭で、それを束ねた原糸を組み合わせて1本の釣りイトに仕上げている。ダクロンと同じブレイデッドラインだ。

PEラインが強いのは、ラインの長さ方向にポリエチレン分子が長く長くつながって引きそろえられているからで、同じ太さのなかで長さ方向の分子のつながりに無駄がきわめて少ないから、より強い力に耐えることができるというわけ。同じ太さならPEラインはナイロンラインの数倍の強度がある。超高分子量というのは、たくさんのポリエチレン分子が腕を伸ばしてつながり合い、一つになった分子の分子量がたいへん大きいということだ。

PEラインは強度に優れているだけでなく、紫外線に対しても安定している。さらに、伸びがとても少ないという特性がある。伸びの少なさは鋼鉄線並みで、何百メートルも出ている先で魚が頭を振っているのがビンビン伝わってくるほど。これらの利点を生かし、細くて強いPEラインを小さなリールに巻いて大きな魚にチャレンジすることが釣りの各分野で試され、一部はすでに定番化している。

トローリングにもPEラインが導入され始めているが、ペースは決して早いとは言えない。その理由は、ラインの強度は大して重要ではないからだ。リールが同じならラインは細いほうがたくさん巻けるという利点も、80ポンドなら80ポンドクラスのリールに必要なだけ巻ければ十分なわけで、それ以上細い必要はない。スタンディングファイトに小さなリールを使いたい、取り回しのよい軽いタックルを使いたい、イト巻き量が限られたスピニングリールでカジキを釣りたいなどという特別な理由があるなら別だが、トローリングはほかの釣りほどラインの細さをありがたがる釣りではないのだ。

PEラインは熱に弱く、普通の結び方をすると結び目が締め付けられたときに発生する熱で切れやすいという欠点があるが、トローリングでは結び目の強度が落ちない特殊な結び方をするので、さほど問題ではない。それよりも大きな問題点は、扱いがとてもデリケートなことにある。細いPEラインは少しの傷でも大きなダメージを受けて、想像以上に弱っていることがある。思い当たるような傷はないはずなのに、突然切れたりすることがあるのも原因は同じ。メーカーの技術者に聞いた話では、PEラインは表面のちょっとした傷に見えても内部の単繊維が何十本、何百本も傷ついていることがあるから、注意しないといけないとのことだ。

そうなると、いくら紫外線に強いPEラインでも、寿命はナイロンとどちらが長いかという話になってくる。しかも、同じ長さならナイロンよりPEラインのほうが何倍も高価。当然、巻き替えるコストは跳ね上がる。そんなこんなで、いまだにナイロンラインの支持者のほうが多いわけ。

こう書くとPEラインには利点がないようだが、決してそんなことはない。スモールボート

PEラインは100メートル巻きのスプールが連結になった製品が多く、リールにちょうどいっぱいになる長さに合わせて買うことができる

スピニングリールとPEラインでキャッチしたシロカジキ。タックルとテクニックの進歩により、日本でもこんなスリリングなゲームがすでに現実のものになっている

のトローリングで、小さなリールに強いPEラインを巻いてカジキに備えるなんて使い方は、とても実戦的だと思うし、スタンディングファイトやスピニングリールを使うことも、トローリングの愛好者が増えるにつれて多くなっている。そんななかから日本オリジナルのトローリングスタイルが誕生するかもしれない。なにしろPEラインを使ったトローリングは、まだ歴史が始まったばかりなのである。その将来に期待したい。

ラインの巻き方

新しいラインをリールに巻くときは、できるだけしっかりと巻かないといけない。だれかに手伝ってもらって濡れタオルなどで抵抗を掛けながら巻くか、専用の装置を使って巻くようにする。それでも大きな魚を釣ると、スプールいっぱいに巻いていたはずのラインが強い力で締まって、1割方減ったかと思うくらいになるほどだ。

伸びがほとんどないPEラインをリールに巻くときは、特に気を付けながら締めて巻くようにしないといけない。それを怠ると、使用中に上から締めつけられる力により、下のほうのラインに緩みが生じてフワフワの

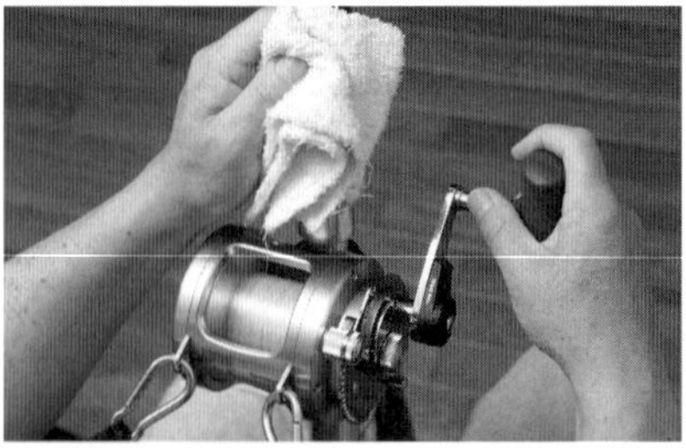

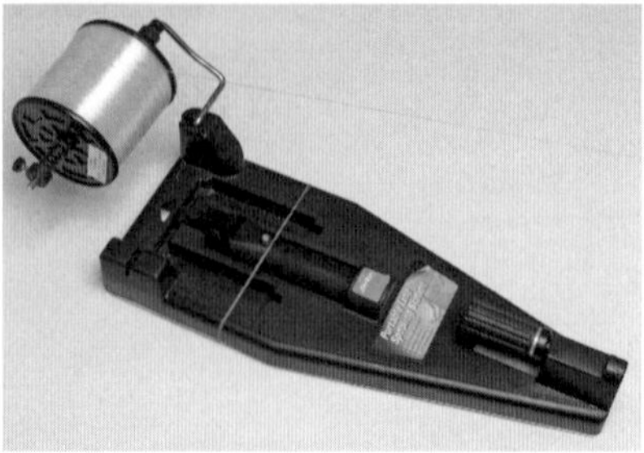

（上）新しいラインをリールに巻くときは濡れタオルなどで抵抗を掛けながらしっかり巻こう
（下）新しいラインを1人でリールに巻くときは、抵抗を調節できるようになった装置を使おう

状態になる。ラインに伸びがない分、そういうことが起こりやすいわけだ。これをそのまま使うと、魚が走って強く引かれたラインが緩んだところに食い込んで動かなくなり、それが原因で切れてしまうことがある。こういうところでもPEラインは取り扱いに細心の注意を要する。

リールに巻くラインの量は、なるべく平坦になるようにきっちり巻いて、最後はリールのフレームから5ミリくらいになるまでいっぱいいっぱいに巻く。これでも大きな魚が掛かれば締まって巻き上がりは低くなるから大丈夫。ただし、ルアー回収時などに油断すると、巻き上げたラインが一部で盛り上がってフレームに当たり、それ以上巻き込めなくなるから、いくらか減るまでは要注意。そういうことがしばしば起こるうちは、少なめに巻いたほうがよいかもしれない。

ダブルライン

ナイロン、PEにかかわらずラインの先端はダブルラインにして、その先にスナップスイベルをセットする。ダブルラインの代表的な結び方として三つ編みとビミニツイストの二つがあり、いずれもラインの強度をほぼ100%確保したまま結ぶことができる。本書では揺れる船上でも結びやすい三つ編みをお勧めしたい。結び方は右図のとおり。

ダブルラインの長さはIGFAルールで20ポンドクラス以下は15フィート(4.57メートル)以内、それ以上は30フィート(9.14メートル)以内と決まっている。著者は大ざっぱに20ポンド以下は2ヒロ、30ポンド以上は3ヒロの長さにダブルラインを作っている。1ヒロは両手をいっぱいに広げた長さで、著者がダブルラインを作ると2ヒロで3メートル強、3ヒロで5メートル弱になる。

ダブルラインを使えば、細いラインと太いリーダーの間に中間的な部分を挟むことで急激過ぎる太さの変化を避け、イトヨレなどによるトラブルを減らすことができる。もう一

三つ編みの結び方

①

ダブルラインに必要な長さのラインを折り返す。結びしろは太いラインで約40センチ、細いラインで約30センチ必要

②

本線の向こう側へ重ねた端イトを手間側へ越えさせる

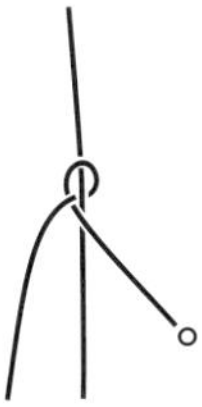

③

ループの向こう側から端イトをくぐらせ、本線の手前を越えて右側に出す

④

ループの左側のイトを右側のイトの裏側に重ねる

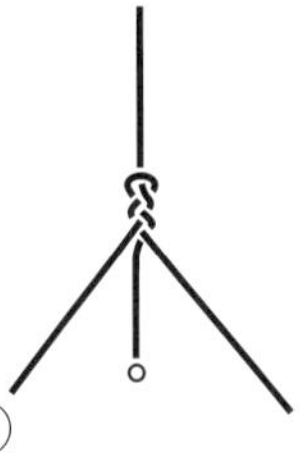

⑤

真ん中にきたイトの裏側に端イトを重ねる

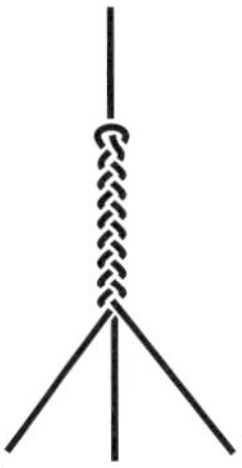

⑥

外側のイトを真ん中のイトの裏側に重ねる動作を約30回繰り返す

⑦

三つ編みが出来上がった状態

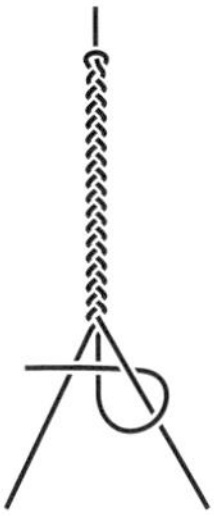

⑧

ループをくぐらせた端イトを右側のイトの手前側に重ね、裏側に回してできた小さなループに通して締める

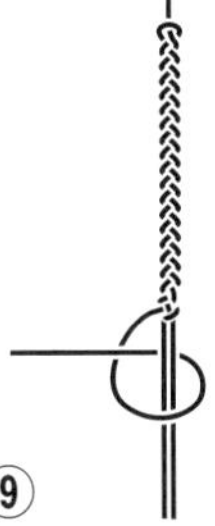

⑨

束ねたダブルラインの手前側に重ねた端イトを裏側へ回し、できたループに通して締める

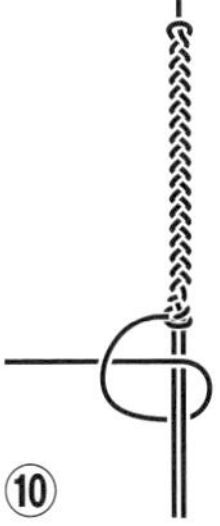

⑩

束ねたダブルラインの裏側に重ねた端イトを手前側へ回し、できたループに通して締める。⑨～⑩の動作を5回以上繰りかえす

⑪

最後にループに2回通してしっかり締める

⑫

端イトをカットして出来上がり

つ、魚とのファイトの最後でリーダーをつかもうとするときに、シングルラインよりも強気に勝負できることがある。これはファイトを有利にする目的よりも、リーダーをつかむクルーが安全に作業できることが大きい。つまり、ダブルラインはアングラーよりもクルーのためなのだ。

リーダー

トローリング用のリーダーは、ナイロン製の釣りイトの太いものをルアーのサイズに合わせて使う。ポンド数で言うと、カツオ用などのもっとも細いもので80ポンド前後、カジキ用などの太いもので500〜600ポンド。日本式の号数では20〜150号になる。ラインにくらべて圧倒的に太いリーダーを使う理由は、魚を寄せて来ていっぱいまで巻いたら、後はリーダーをつかんで手繰り寄せないといけないので、細いリーダーはそのときに切れてしまう恐れがあるからだ。それと、ある程度の太さがないと、つかむ手に力が入らないということもある。

トローリングではボートで引っ張っているルアーを魚が追い掛けてきて食いつくので、リーダーが太いから食わないということはまずない。それよりも問題なのは、小さなルアーに太過ぎるリーダーを使うとルアーのアクションが死んでしまうことだ。それ以外に細いリーダーを使わないといけない理由はないので、ルアーがちゃんとアクションする限り太めのリーダーを使うほうがよい。

リーダーの長さはダブルラインと同じくIGFAルールによる制限がある。20ポンドクラス以下は15フィート（4.57メートル）以内、それ以上は30フィート（9.14メートル）以内。ここで注意しないといけないのは、ダブルラインとリーダーを合計した長さが20ポンドク

ダブルラインとリーダーの長さに関するIGFAルール

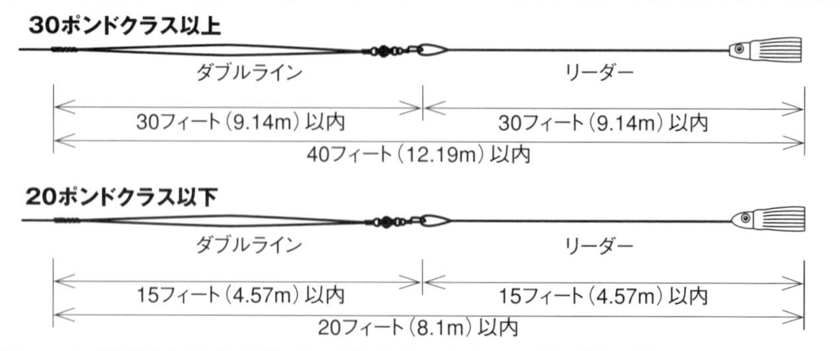

スリーブを使ったループの作り方

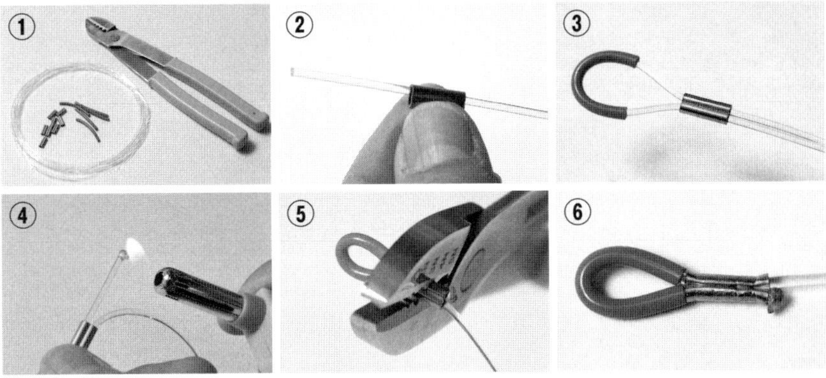

①用意するもの。スリーブプライヤーとスリーブ、リーダー、補強用チューブなど。スリーブとチューブはリーダーの太さに合ったものを使うこと
②リーダーの先をスリーブに通す
③補強用のチューブを通したリーダーの先を折り返し、ふたたびスリーブに通す
④リーダーの先端をライターの火であぶって抜け止めのコブを作る
⑤プライヤーを使ってスリーブを締める。このときスリーブのサイズに合ったプライヤーのくぼみを使うこと。スリーブの先端を少し残してラッパ状になるように仕上げれば、リーダーがスリーブの角で弱るのを防ぐことができる
⑥出来上がり

ラス以下は20フィート（6.1メートル）以内、それ以上は40フィート（12.19メートル）以内と決まっていることだ。ダブルラインとリーダーをそれぞれ制限いっぱいに作ると、合計でこの長さを越えてしまってルール違反となる。また、制限内ぎりぎりの長さに作ったダブルラインやリーダーが、ファイト中に強い力で引かれて伸び、制限を越えてしまう可能性もあるから、ほどほどの長さにしておかないといけない。

著者はリーダーの長さを小さな魚用は2ヒロ、大きな魚用は3ヒロになるように大ざっぱに測って作っている。短いリーダーは魚を手早く船上に放り上げるのに適当な長さ。長いリーダーはラインをいっぱいまで巻いて大きな魚が寄って来たときに、それくらいの距離があるのが後の仕事を一番やりやすいからだ。今までいろんな魚を釣ってきて、これで特に不自由を感じたことはないが、ボートの大きさなどで条件が変わると思うので、みなさんもいろいろ研究していただきたい。

リーダーの先端にスナップを引っ掛ける部分は、スリーブを使って適当な大きさのループにしておく。スリーブはリーダーの太さに合わせてサイズの指定があるから、必要なサイズをそろえておかないとけない。リーダーの太さに合わないスリーブを使うと、きちんと止まらずに抜けたり、リーダーの強度が落ちて切れたりする恐れがある。ループの大きさは細いリーダーで長さ1センチくらい、太いリーダーで長さ1.5～2センチくらいが適当。ループ部のリーダーは、その太さに合った内径のチューブを通して補強すること。ルアーのフックを取り付ける部分も同じようにループを作るが、こちらについてはルアーのページで説明したい。

ワインドアップリーダー

ダブルラインとリーダーを短くし、その間に一段細いリーダーを入れたワインドアップリーダーシステムというのがある。細いリーダーとラインの継ぎ目がスムースにガイドを通ってリールに巻き込めることがワインドアップの名の由来だ。

ワインドアップリーダーを使う目的は、リーダーを手繰って大きな魚を寄せて来るときのトラブル防止にある。リーダーを手繰ってるときに大きな魚が暴れて放さないといけないことがあって、手元に手繰り込んだリーダーがすっ飛んで行くときに、なにかに絡んだり、クルーを巻き込んで怪我をさせたりすることがある。ワインドアップリーダーなら手繰るのに合わせてリールに巻き込めるので、そんなトラブルを予防できるわけだ。

トローリングが進歩するにつれて、より大きな魚を短時間で釣り上げることができるようになった。魚が元気なうちに寄せて、素早くフックを外すかリーダーを切って逃がす

ワインドアップリーダーシステム

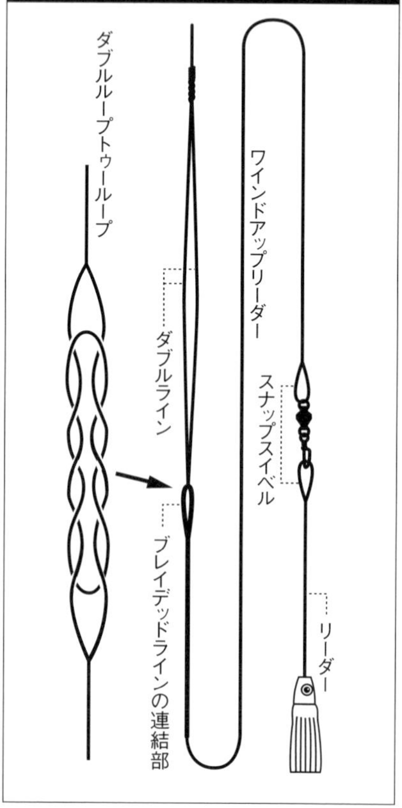

ことも盛んになってきている。そうなると魚が元気なまま寄って来ることも多くなる理屈で、ラインを手繰るときの危険もそれに比例して多くなる。ワインドアップリーダーが考え出され、広く使われるようになりつつあるのは、そのような事情からだ。

日本でもワインドアップリーダーが流行する兆しがあるが、その目的を理解せず、ただの流行に乗って使ってるだけのことが多いように思う。ワインドアップリーダーの本来の目的からすれば、チーム全員のスキルが相当高くなければ使う意味がまったくない。素人同然の人たちが使っても、つなぎ目が多く、手前のリーダーが細いことから思わぬトラブルやリスクが増すだけのこと。そのような理由から、本書ではワインドアップリーダーは将来の研究課題として、簡単な紹介だけに留めておきたい。

スナップスイベル(snap swivel)

スナップスイベルは、ラインの太さに合わせて4〜8号の各サイズを使い分ける。ほかの釣りの経験のある人が、8号のスナップスイベルと見ると巨大な気がするかもしれないが、これくらいないとマグロやカジキ用の太いリーダーをしっかり保持できない。細いラインには小さめのスナップスイベルがよいのは、ルアーが小さいのにスナップスイベルが大き過ぎると、途中にオモリと付けたようになってラインからリーダーまでが一直線にならず、ルアーのアクションが死んでしまうことがあるからだ。このことを逆用して、ルアーのアクションが激し過ぎたり、海面から飛び出すときに、大きめのスナップスイベルをセットしてアクションを抑える方法がある。

スイベルは、ボールベアリング入りのものを使う。これはラインのヨリを取るのが目的。ルアーのなかにはちょっとしたバランスの崩れで回転しやすいものがあって、それに気づかずそのまま使い続けると、ラインにひどいヨリがかかってしまう。ヨリはライ

スナップスイベルはラインの太さに合わせて4〜8号の各サイズを使い分けよう

ンの先端部に集中する。ラインがなにかの理由で一瞬でもたるむと、その部分がキンクした状態になり、それを無理に引っ張って戻すとラインがひどいダメージを受ける。そんなトラブルを未然に防止するためのスイベルだから、回転が滑らかかどうか常時チェックしないといけない。ラインの先にセットしたまま使い続けていると、たまに回転が悪くなっていることがある。そのときは水洗いしてよく乾かしてから、油を差して指でグリグリと回して回転が戻ったかどうか確かめる。それで元に戻らなければ新品に取り替えよう。

注意点として、スイベルとスナップの連結部にリングが入ってるものを選ぶこと。リングが入ってなくて、スイベルにスナップが直結のものは、スイベルの首の部分にスナップの輪が引っ掛かって元に戻らず、回転しなくなったりラインが絡み付いて切れてしまうことがある。

カマスサワラがたくさんいる海域では、スイベルの輝きを小魚やルアーと勘違いして食いついてきて、鋭い歯でラインを切られてしまうことがある。魚が来たと思ったのに、一瞬でダブルラインから先が切れてなかった、なんてことが起こったら、犯人はカ

スナップスイベルの結び方

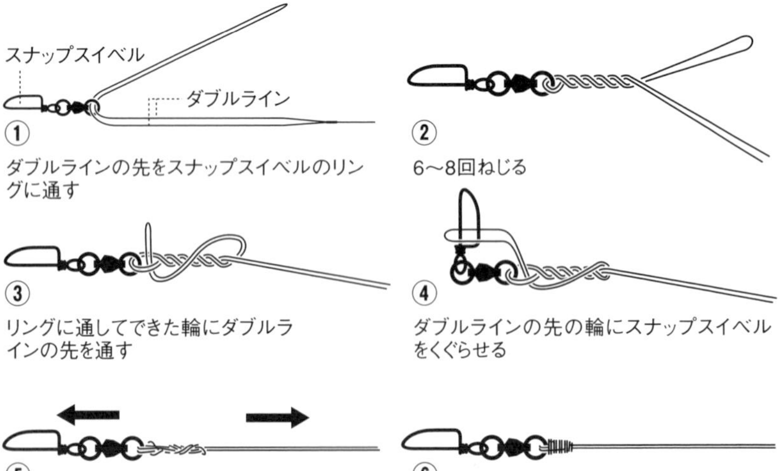

① ダブルラインの先をスナップスイベルのリングに通す

② 6〜8回ねじる

③ リングに通してできた輪にダブルラインの先を通す

④ ダブルラインの先の輪にスナップスイベルをくぐらせる

⑤ 全体がしっかり締まるようにゆっくりと引き絞る

⑥ 出来上がり

マスサワラだ。そんなときは黒いスイベルを使うのがよい。手元に黒いスイベルがないときは、シルバーのスイベルに黒マジックを塗って使えばよい。

ハーネスとウエストジンバル(harness & waist gimbal)

バットエンドがジンバルになっているロッドでスタンディングファイトするには、ウエストジンバルが必要。金属製や硬質プラスチック製のジンバルをお腹に直接当ててファイトするのは、小さな魚のときはよいが、大きな魚が相手だとアザができたり怪我したりすることがあるからお勧めできない。

ハーネスは、ロッドにかかる魚の力を体全体で受けてファイトを楽にするためのもの。ファイティングチェアに座って大きな魚を相手にするときは、ハーネスがあればうんと楽にファイトすることができる。スタンディングファイトでもハーネスがあったほうが楽だが、わざわざチェアの助けを借りないでファイトするのだから、ロッドは手に持って魚の力を感じながら釣らないとおもしろくない、だからハーネスは使わないという考え方もある。

ハーネスもウエストジンバルも、魚とファイトする人が身に付けるものだから、ベルトの長さなどを魚が掛かる前に調整しておかないといけない。ボートに装備している場合もあるが、自分の体型にあったもののほうがファイトしやすいので、自分専用のものを用意して海外遠征などにも持参する人がいるほどだ。

ハーネスを使ってファイトするときは、急に強く引かれたときに体ごと持って行かれないように注意する必要がある。特に体の小さい人や力のない人が太いラインで強いドラグ力をかけてファイトするときは要注意。スタンディングファイトのときは、さらに厳重な注意が必要になる。

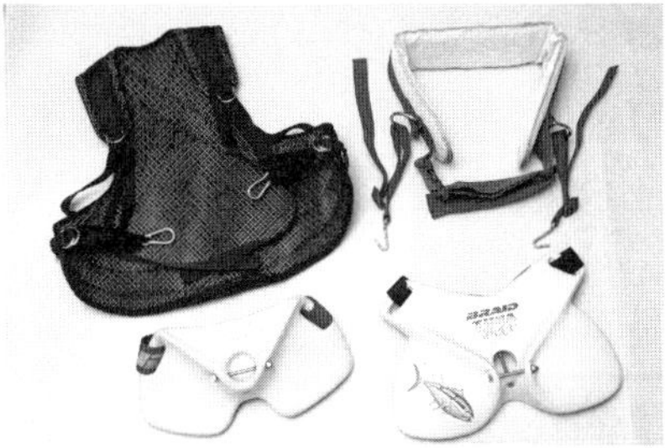

ハーネスにはベスト型のものと腰当て式のものがある。ウエストジンバルは大小いろんなタイプがあり、自分の体格やファイティングスタイルに合わせて使いやすいものを選ぶ必要がある

Trolling Lures
トローリングルアー

なぜルアー釣りなのか（Why lure fishing?）

本書ではルアーを曳いて釣るトローリングをメインに解説し、ライブベイト（live bait＝生きエサ）やデッドベイト（dead bait＝死にエサ）を使う方法については、言及しないでおこうと思う。なぜかと言うと、エサを使うのは生きた魚にせよ、死んだ魚にせよ、とても面倒で難しいからだ。ボートを走らせながらエサを取り替えるのは、キャプテン1人ではとても難しいし、だれかにやってもらうにしても、よほど慣れたデッキハンド（deck hand＝助手）がいないと不可能。外国のチャーターボートのデッキハンドがエサの取り替えに備えて、1日中エサを作ってる姿を見てると、これを遊びに来ただれかにやらせるのはとても気の毒で無理な仕事だと思う。

もう一つの理由は、エサを確保し、保管しておくことの難しさにある。元気のいいカツオを泳がせれば、マグロやカジキがすぐに食いついてきそうな気がするのは釣り人心理というものだが、そうそう都合よく生きたエサが釣れるものではない。マグロやカジキの曳き縄釣りが盛んな海域で、もし簡単にエサになる魚が釣れるんだったら、漁師が真っ先にエサ釣りをするはず。本来そういう釣り方は、エサに使う魚が簡単に釣れる条件に恵まれた釣り場で盛んなだけであって、どこでもできるものではない。台湾との海峡

カツオのライブベイトを泳がせてカジキをねらうオーストラリアのチャーターボート。いかにも釣れそうで緊張する釣りだが、エサにする魚が豊富ですぐに釣れることが最低条件

を黒潮が流れる国境の島、与那国島では生きたカツオを泳がせてカジキをねらう釣りが盛んだが、これはカツオがいつでもよく釣れるという好条件に恵まれているから可能なのだ。

ならば死んだ魚をうまく使って、さも生きた魚が泳いでるように曳くのはどうか。これはうまくできれば絶大な効果があるが、エサのセットの仕方が難しくて、とても手間がかかるのは先に書いたとおり。それと、死んでるとは言っても十分な量の魚を傷まないように確保しておくのは想像以上に大変。デッドベイトを使う外国のトローリングボートは、専用のフリーザーボックスを備えている。これをアイスボックスで代用したとしても、事前に用意したエサの魚を何日も保管できるものではないから、使わなかった分は無駄になってしまう。

それにくらべると、ルアーならいつでも好きなときに好みのものを選べて、使い方もとても簡単。この簡単だということをこれから説明させていただくわけだが、さらにもう一つの大きな利点として、ボートのスピードを比較的速くできて探査範囲が拡がるということがある。これはトローリングではとても大きな利点で、ルアーとGPS装置を使いこなすことがトローリングという釣りの効率を大幅に向上させ、楽しみが何倍も大きくなると著者は思っている。その点について、詳しくは魚の探し方と釣り方のページで解説する。その前に、まずはルアーの勉強から。

ルアーの形状(shape of lure)

一般的なトローリングルアーは、プラスチックや金属、貝、角など硬い素材で作られた頭部の後ろに軟らかいビニール製の尻尾を取り付けた、細長いイカのような形をしている。この頭部をヘッド(head)、尾部をスカート(skirt)と言う。

トローリング以外の釣りに使うルアーの多くが魚に似た形をしていたり、金属製の靴べら状だったりするのとくらべると、トローリングルアーは大変個性的で変わった形をしている。その理由は、曳くスピードが圧倒的に速いからだ。試しにトローリング中のボートから前へ向かってルアーを投げて巻き寄せてみると、思い切り速く巻いてかろうじて間に合うか間に合わないくらい。普通のルアーだと、とてもちゃんと泳がず、姿勢が崩れて水面から飛び出してしまう。それくらいのスピードで曳いてもちゃんと泳いで魚がよく釣れるように工夫されて出来上がったのが、硬いヘッドと柔らかいスカートを連結したあの形状だ。

過去の偉人、達人、奇人、変人の多大なる試行錯誤の結果、現在のトローリングルアーはとても洗練された完成度の高いものになっている。ヘッドの形状は先細りの砲弾型と、その先端をカットしたものの二つに大きく分かれる。砲弾型のものをバレット(bulet)ヘッド、先端を斜めにカットしたものをハワイの地名からコナ(kona)ヘッドと呼ぶ。コナヘッドの変形として先端を垂直にカットしたタイプもある。このカット部をくぼませたものをチャガー(chugger)ヘッドと呼ぶ。では、それぞれの特徴について説明していこう。

コナヘッド

これぞトローリングルアーという形をしているのが、コナヘッド。ハワイ島のコナを中心とするハワイ海域で開発され、盛んに使

代表的なヘッド形状

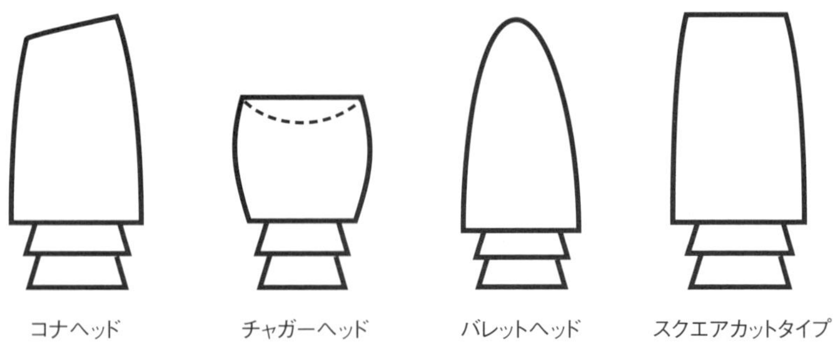

われるようになったことからこの名がついているが、似たような形状のルアーは世界各地で同時多発的に開発されていたらしい。このコナヘッドのカット部を凹面状にしたものをコンケーブカットと呼び、このタイプが狭義のコナヘッドだとする意見もあるが、一般的には斜めストレートカットのものをコナヘッドと呼んでいる。

アクションは、水面にごく近いところで数秒置きにリズミカルな浮沈を繰り返し、水面に出たときに水しぶきを上げる。この水しぶきをスプラッシュ(splash)と言い、魚を寄せる強い効果がある。潜ったときは、さもエサの魚が泳いでいるように頭を左右に振って泳ぐ。このときの泳ぎ方やスプラッシュの上げ方が、微妙な形状の違いと重さのバランスで、さまざまに変わってくる。ルアービルダー(作者)の考え方の違いによって、分かれるところだ。

標準的なところでは、数秒に1回くらいのリズムで水面に出てきて水しぶきを上げ、潜ったときは生き生きと泳ぐルアーがよい。さらに、スプラッシュを上げた後、ブルブルと細かく左右に震えながら潜って行って、白泡の航跡がジグザグに残るようなルアーなら最高だが、ここまでのアクションを出そうと思ったら、リーダーやフックの取り付け方も影響するのでとても微妙だ。

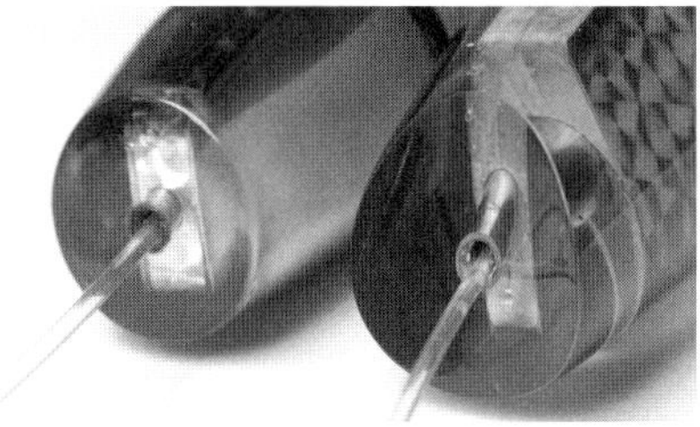

コナヘッドのカットの違い。左はストレートカット、右はコンケーブカット

対象魚種は、大小を使い分けることでほぼ万能。小さなコナヘッドで小型マグロ類やカツオなどもよく釣れる。ただし、残念なことに小型のコナヘッドの優秀なものは日本国内ではとても手に入りづらい。これは、今のところ日本でトローリングと言うと数少ないカジキ釣りのボートががんばってるくらいで、本格的なライトトローリングを楽しむボートがとても少なく、それに比例して需要も少ないからで、将来ライトトローリングが盛んになってくれば、状況が変わる可能性は十分あると思う。

チャガーヘッド

コナヘッドが水面で上げる水しぶきと水音をさらに強く、激しくしたのがチャガーヘッド。コナヘッドにくらべると、1サイズから2サイズ大きなものに負けない水しぶきと音を立てるので、集魚効果、食いつかせる刺激ともに強い。

対象魚種はカジキ、シイラ、カマスサワ

ラなどにはとてもよく効くが、マグロ、カツオ類には向かない。どちらかと言うと好みの分かれるルアーである。ただし、絶対にマグロやカツオが釣れないかと言うと、決してそんなこともないようで、マグロ釣りに好んで使って実績を上げているボートもある。このあたりは好みの問題もあるかもしれず、チャガーヘッドの激しい水しぶきはマグロ釣りらしくないなどという思い込みもあるかもしれない。

このタイプのもう一つの特徴として、コナヘッドのところでも書いた左右の振動が出やすいという利点がある。これが特効薬的に効くことがあるので、よいアクションのルアーが手に入ったら大切にしよう。手に入ったらという言葉の意味には、リーダーやフックのセッティングがうまくいって、よいアクションが出たら、ということも含む。そんなルアーのリーダーを取り替えるときは、同じ太さと長さを守るように。フックはなるべく取り替えず先を研ぎ直すくらいで、同じものを使い続けるようにしよう。

ただし、注意点が一つ。回転対称形でカップ部の抵抗が強いチャガーヘッドは、少しのバランスの崩れで回転が発生しやすい。ルアーのアクションをよく見て、回転してるようだったら使用を中止。スカートやフック、リーダーのバランスを検討しなおさ

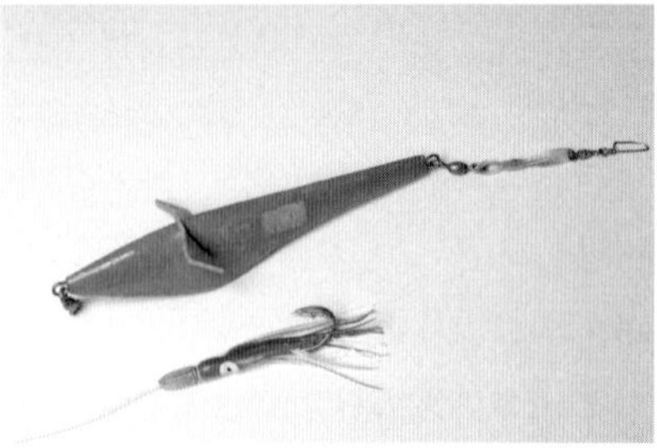

（上）水面に出た瞬間に激しく水しぶきを上げるチャガーヘッド
（下）バレットヘッドは、ヒコーキなどの集魚装置と組み合わせて使うことで効果がアップする

ないといけない。そうしないと、ラインがキリキリによれてしまう。だいたいはスカートを大きめなものに替えると直ることが多いが、なかにはどうしても回転が止まらないバランスの悪いヘッドもあるのでご注意を!!

バレットヘッド

先の尖ったバレットヘッドは、水面に出たときにコナヘッドやチャガーのような強い水しぶきを上げない。スッと水面に出てきて、ピュッと水を切るようなしぶきを上げて、また潜って行く。そのアクションから、魚を寄せることよりも食わせることに重点を置

いたルアーで、マグロやカツオに向くが、後で説明する集魚装置と組み合わせることで寄せる能力を補えば万能ルアーになる。

曳き縄釣りの漁船が使ってるのは、ほとんどこのタイプ。また、ルアーを沈めて曳くとき使われることも多い。コナヘッドやチャガーを沈めて曳くのはアクション的に意味がない上に回転する恐れがあるが、バレットタイプなら回転しにくいから安心。それと、曳いたときの抵抗が少ないということもある。

ただし、抵抗の少なさはカツオ釣りなどで小型ルアーを使うときには風や波の影響で横流れしやすいという欠点にもつながる。そこで、集魚装置と組み合わせて魚を寄せると同時に抵抗をプラスしてやれば、ますます効果的というわけ。バレットヘッドの大型のものは、ヒコーキと組み合わせてカジキ釣りのロングラインにも使われるが、ルアーのサイズとしてはコナヘッドなどよりは小さいのが普通だ。

バレットヘッドにも大小さまざまなサイズがあるが、普通は直径30ミリ程度までで、カジキ用コナヘッドのような巨大なものが使われることは少ない

ジェットヘッド

ヘッドの前後方向に貫通する穴をいくつも開けて、そこを空気や水が通過することで発する音や振動、泡などの特殊な効果をねらったのがジェットヘッド。ルアーのタイプを問わず、コナヘッドでもバレットでもチャガーでも穴を開ければジェットヘッドになるが、バレットヘッドは前方を流れるように水が通過するので、ジェット効果は薄いように思われる。

音や振動がどれぐらい違うかは人間にはわからないが、たしかに白泡の曳き方は普通のヘッドとは異なる。ただし、これがどれぐらい効果があるかとなると、はっきりしたことは言えない。ジェットのほうがよく釣れるような気がすることもあれば、まったく関係ないこともある。つまり、ジェットだから釣れるというものではなく、いくつか同時に使うルアーのなかにジェットタイプを混ぜることで、バリエーションが広がると理解するの

ジェットヘッドは前後の貫通した穴が音や振動、泡などを立てて魚を誘う

が正解。

これと同じく、コナヘッドやチャガー、バレットなどのタイプについても、いくらコナヘッドがいいからと言って、全部コナヘッドばかり曳いたのでは全員ホームランバッターばかり並べた野球チームのようなもので、最大の攻撃力を発揮することはできない。各ポジションにそれぞれ最適なタイプとカラーを適正に配置することで、各ルアーがお互いを補い合い、引き立て合ってこそ強力なチームと言える。厳密なことを言えば、ルアーをどれか一つ替えただけで全体のパワーバランスに変化が生じる。それぐらいデリケートなものだ。

ルアーの一つ一つをあれこれ取りかえながら、よく釣れると自信が持てる組み合わせを完成しようと思ったら、とても長い時間をかけてたくさんの魚を釣らないといけない。「このルアーを使えばよく釣れますよー」なんてことを簡単に言う人がよくいるが、自分が使っているルアーのなかに、そのルアーをまぜてよく釣れるかどうかは、また別の話であることをご理解いただきたい。

ルアーの素材(lure material)

日本では牛、鹿などの角や貝殻、目の詰まった比重の重い木などが古くからルアーの素材として使われてきた。なかには非常に希少な深海珊瑚の一種の海松製なんてのもあり、その渋い虹色の輝きがよいと言われる。貝の輝きは、魚の腹の色に似ている。魚をたくさん釣って表面に細かい傷がつき、輝きが鈍くなったものが、より魚の腹の光り方に似ていて最高などと言われることもあるが、だったら牛の角や海松はなにに似ているのだろうか。いくら考えても想像の域を出ず、人間には理解不能の世界だ。

その一方、プラスチック製でとてもよく釣れるルアーもある。これも、なかに貝殻を仕込んだものやホログラムフィルムを使ったものなどさまざま。多くのプラスチック製ルアーは、なにか輝きのあるものを封入してあるが、なかには色づけしたプラスチック素材のムクのものもあって、それで十分釣れるからおもしろい。

素材としては、まずプラスチックのような加工しやすい材料がなかったときに、身の回りで手に入れられる材料のなかから貝殻や角など比重や硬さが適当なものを選んで使ってみたのだと思う。現在でも盛んに使われている天然素材のルアーは、それらのなかから釣れた実績のあるものが厳選されて生き残ったわけだから、当然信頼するに足る性能を備えている。

その後登場したプラスチック素材の利点として、まず天然素材では不可能な大きなルアーを作ることができ、形の自由度も

プラスチックと天然素材、どちらがよく釣れるのか。あるいは、ルアーの素材なんて好み次第か?

大きい。透明やさまざまに着色したプラスチック素材のなかに、さらにいろんな物を封入することができて、カラーバリエーションが非常に豊富。さらに、成形しやすく品質が安定していることから、同じ性能のルアーをいくつでも作ることができる。

この最後の利点は、よく釣れるルアーをいつでも必要なだけ手に入れることができるという点で、非常に大きな意味がある。つまり、いくらよく釣れるルアーでも、一つきりで二度と手に入らないのでは、切れたらそれで終わりだから、とても安心して使えるものではない。単品としては優秀でも再現性がないものはベストとは言えない。本当によいルアーとは、よく釣れるのは当然として、いつでも必要なだけ手に入らないといけない。おまけに安価であればベスト・オブ・ベスト。

まあ、そこまではなかなか望めないが、それに近いルアーはいろいろある。よく光る特別仕上げのルアーでないと釣れない、何万円もする希少な素材の輝きが最高なんて話は趣味、嗜好の世界だから、そこに立ち入る、立ち入らないは個人の自由として、魚を釣るためだけなら、ルアーの素材は貝製かプラスチック製で十分ということを理解しておいていただきたい。

さらに、近年増えつつあるのが金属製の

トローリング用ルアーヘッドだ。素材は鉄やステンレス、真鍮、鉛などで、これらによく光るメッキ仕上げを施したものも多い。角や貝、プラスチックにくらべると比重がはるかに大きいことから、ヘッドとしては比較的小型のものが多く、対象魚はマグロやカツオなどがメイン。その素材特性を生かすべく、カマスサワラやシイラをターゲットにした高速トローリング用にデザインされたのもある。金属製ヘッドの多くはバレットタイプだが、なかにはチャガータイプもある。ただし、プラスチック製のチャガーヘッドとはアクションも水しぶき、水音も大変異なる。

高価な海松製のヘッド。希少な天然素材は年々入手難になりつつある

ルアーのカラー(lure color)

天然素材のルアーは、その素材とカラーが一体の関係にある。なかには天然素材に着色したものもあるが、大部分は素材の持つ本来の色や輝きを生かすように作られていることから、素材＝カラーと考えて差し支えない。ごくポピュラーなものとしては貝製で、そのなかでも白蝶貝、アワビ、メキシコアワビ、パウワシェルなどが代表格。これらの貝殻をプラスチック素材に封入したルアーも、ごく普通に見られる。黒蝶貝も人気が高いが、素材が年々入手難になりつつある。

貝製のルアーでもっともよく使われているのは白蝶貝。メキシコアワビやアワビと白蝶貝のコンビネーションも多い。いずれもよく釣れるが、特に難しいことを言わなければ白蝶貝だけでオールラウンドに通用する。貝製ムクのルアーは大きなものを作りにくいので、カツオから10キロクラスのマグロ類までがメインの対象魚だが、それに数十キロクラスのマグロや100キロオーバーのカジキがストライクしてくることもある。白蝶貝のバレットタイプで各サイズをそろえれば、それで十分。スカートのカラーはヘッドに合わせて白系をメインにピンク、ブルーなどのストライプ、白に薄茶、緑などが混じったものもよい。

プラスチック製ルアーのカラーは実にさまざまで、言いだしたら切りがない。著者は赤いルアーはけばけばしくてあまり好きではないが、それがよく釣れると言うアングラーもいるから、一概に決定的なことは言えないとも思う。ただ一つ言えるのは、自分の好みに合わないルアーは自信を持って使えないので、特に大物をねらうときには、そのことが釣れない方向に強く作用するということだ。

この好みや自信とはなにか。たとえば初めて使ったその日に釣れたルアーがあれば、それは大きな自信になる。そういうルアーとの出合いを数多く重ねるうちに、自然に好みや自信が身についてくる。その結果は、人によって実にさまざまで、相手がなかなか釣れない大物であればあるほど、人とルアーの信頼関係は頑固で強固なものとなる。

ルアーのカラーに関して、人は本当にいろんなことを言うが、まあ定番ルアーの定番カラーを使っておけば間違いなく魚は釣れるから、それ以上難しく考える必要はない。潮の色や天候によってルアーのカラーを変えるなんてことも必要ない。それよりも、いつでも平均してよく釣れるルアーとカラーを選ぶことのほうがはるかに大切。

ヘッドとスカートのカラーの合わせ方にも決まったルールはない。著者の好みを言えば、全体を同系色でまとめたなかに目立つカラーが少し混じるのを基本にしている。明るいカラーのヘッドには明るい同系色のスカートを合わせ、それに赤やピンク、オレ

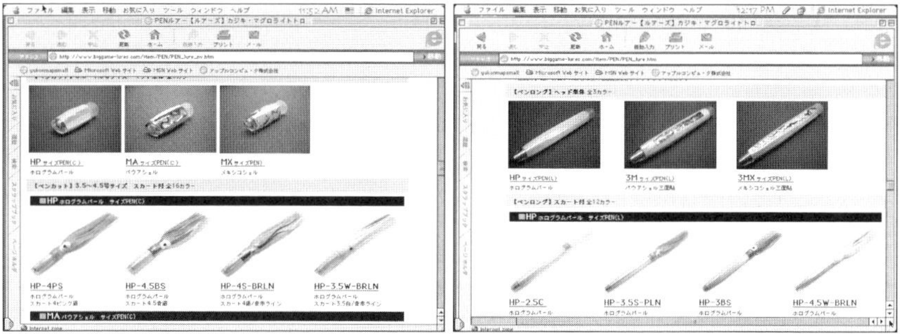

トローリングルアーはカラーバリエーションが非常に豊富。スカートのカラーとの組み合わせでバリエーションはさらに拡がるので、どのカラーが釣れるかと考えだしたら本当にきりがない。購入時にカラーを選ぶには、ネットショップのカラー選択ページや通販カタログのカラーチャートが便利。写真は「ビッグゲームルアーズ」のネットショップページ（http://www.biggame-lures.com/）

ンジ、イエローなどのビビッドカラーを混ぜる。暗いカラーのヘッドには暗めの同系色のスカートを合わせ、ビビッドカラーを混ぜるのは同じ。ただし、まったく違ったカラーの組み合わせでも魚は釣れるから、この方法にこだわる必要はないと思う。これを使えば間違いないというルアーとそのカラーは、各魚種の釣り方のページに例を上げておくので、それを参考にしていただきたい。

ついでに言えば、カジキ釣りでシーズンの早い時期は、バレットがよくて、遅くなるとコナヘッドやチャガーがよい、なんてことを言う人もいるが、著者はそんなことはまったく考えず、シーズン中ずっと同じルアーで通している。意識してルアーを替えるのは、カツオが時期によってエサにしているイワシの大きさが幅広く変わるのに合わせてサイズを使い分けるのが唯一。それもせいぜい大小2種類くらいの大ざっぱなもの。そこまでシンプルな釣りにこだわる理由は、一つは釣り方をシンプルにしておかないとトローリングの千変万化する状況についていけないと思うから。もう一つは、ルアーのカラーに関するある実験結果から、細かなカラーの違いにこだわるのは意味がないという結論に達したからだ。

ルアーのヘッドとスカートのカラーの合わせ方は、著者の場合、同系色で揃えるのを基本に、ビビッドカラーを織り混ぜることが多い

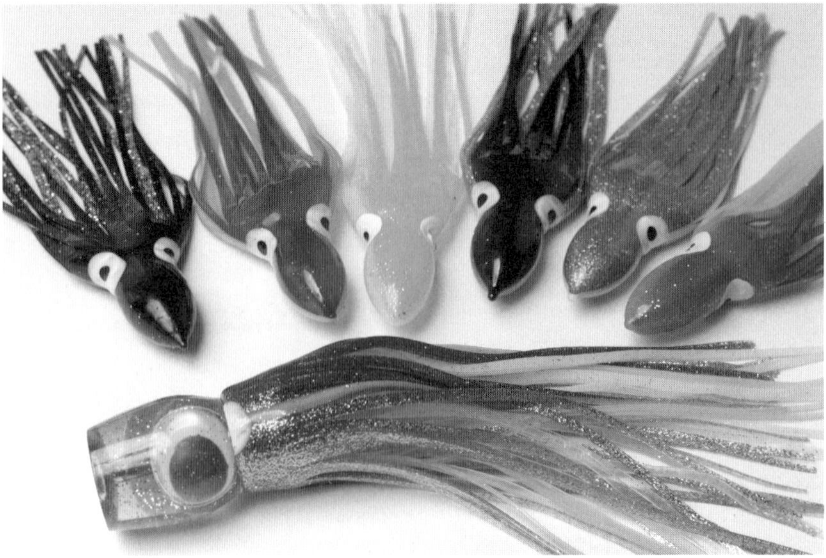

その実験とは、カジキ釣りで真っ黒なルアーを試してみたこと。真っ黒なプラスチック製のコナヘッドにダブルスカートの外側も真っ黒。内側も真っ黒ではあまりにも色気がないので、レッドとブルーを入れてみた。それを使ったら、初日に100キロオーバーのカジキが釣れて、その後もストライクが続き、定番の一つになってしまった。和歌山県すさみのチャーター船、〈智丸〉の朝本船長に教えてあげたら、著者をはるかに上回る実績を上げて、お客さんが次々と同じルアーを購入するという、それくらいの評判になった。

なぜ黒いルアーが釣れるのか。これは著者の推測だが、魚が下から海面を見上げたときに、黒はシルエットがもっともくっきりして強いカラーだからではないかと思う。だったら透明はどうか。貝の輝きはどうか。そんなことよりも、ルアーはまずアクションが第一。次にカラーだが、そこそこ魚にアピールするものであればそれで十分。あとは好みとこだわりの世界としか言いようがない。

ただし、黒いルアーはカジキはよく釣れるが、大きなシイラはアウトリガーで同じように曳いてる反対側の黒ではないルアーに、圧倒的に多くストライクしてくるというデータがある。それがなぜかはわからない。また、マグロやカツオ釣りに黒いルアーの小さいのを使ってみようとも思わない。このあたりは著者の好みの問題なのだが、マグロやカツオはやはり貝製のバレットヘッドか、キラキラと妖しく光る小さなコナヘッドで釣りたいんだよね。

フック(hook)

トローリングルアーにセットするフックは、ノルウェー・マスタッド社の7732または7691Sがもっともポピュラー。いずれもステンレス製で錆びにくく強度も十分だ。サイズは小さい方から6/0(ロクゼロと読む)、7/0とあって、カジキ用で普通12/0まで。一つ問題なのは、小さなカツオなどを釣るには、ルアーのサイズに対して6/0でも大き過ぎること。そのため小型ルアーにはほかのステンレス製シングルフックを買わないといけない。これは国産品がいろいろと売られているので、そのなかから選べばよい。

国産のトローリングフックとしては、オーナーばりとマルトの2社の製品が注目を集めて

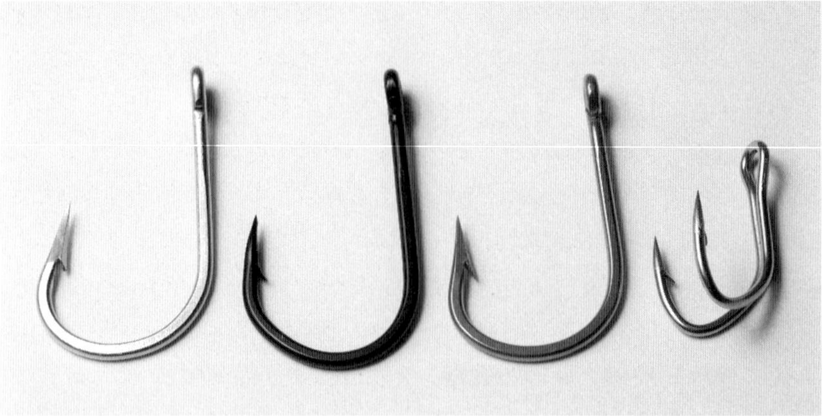

フックの形状いろいろ。左からマスタッド7691S、オーナーばり・ジョーブフック、マルトSS1983、カツオ用ダブルフック

いる。オーナーばりのジョーブフックはカジキをメインターゲットに開発されたもので、独特の形とハリ先の作りに特徴がある。鋼鉄製に独自のブラックカラーの耐蝕仕上げを施していて、非常に丈夫かつハリ先が鋭い。鋼鉄製ということで錆の心配があるが、著者が試してみたところでは、まる1シーズン使って何回もストライクがあり、カジキをキャッチしたにもかかわらず問題になるほどの錆は出なかった。メーカーではハリ先を研がずにそのまま使うことを推奨しているので、ていねいに水洗いする程度で使い続けて、1シーズンあるいは2シーズンといった区切りで取り替えるような使い方がふさわしいかもしれない。

マルトのツナフックSS1983はステンレス製でハリ先が抜群に強い。その強さたるや何回もストライクがあってもびくともしないほどで、すさみの〈智丸〉が研ぎ直すことなくカジキを5本キャッチした実績がある。ただし、同じステンレス製でもマスタッドにくらべると錆が出やすいので、取り扱いには注意が必要。使用後、ていねいに水洗いして、よく乾かしてから保管する必要がある。乾かした後、防触用のCRC3-36などを塗布しておくのも有効。

著者がトローリングを始めたころ、シングルフックはマスタッドの7691Sばかり使っていた。それが、いつの間にか微妙に形が変わって、現在の9691Sは当時のものにくらべてハリ先が内側を向いている。もう一つのマスタッド7732は、ハリ先が外を向き過ぎているような気がする。その点、マルトのツナフックSS1983の形は以前の7691Sに近く、これもまた好みの問題かもしれないが、現在はマルト製をカジキ釣りに愛用するようになった。

カジキ釣りでもう一つ問題なのは、ストライクがあってもフックアウト（ハリ外れ）のバラシが非常に多いこと。その対策として、リーダーとフックの間に柔軟なつなぎ部分を入れたり、フックを2本使ったり、その2本のフックのセッティングはブラブラがよいの固定式がよいのと、魚釣りの常で諸説入り乱れている。この点についてはカジキの釣り方のページで詳しく説明しようと思う。

カツオ釣りでも大きな問題があって、シングルフックではバラシが非常に多く、ランディング成功率50％ならましなほう。ときには掛かっても掛かってもバレてしまうことがある。原因はカツオの口が軟らかくてランディング中に肉切れしてしまうからで、このバラシを防ぐためには二股になったダブルフックが有効。ランディング率を80％程度まで向上させることができる。同じ理由から曳き縄釣りの漁船は3本バリ、4本バリを使うが、トローリングでは曳き縄釣りほど荒っぽく引き寄せないので、ダブルフックで十分。3本バリ、4本バリは外すときに魚が暴れると非常に危ない。ダブルフックのサイズは大きいほうから1～5号をそろえておけば、小型のカツオから10キロオーバーのマグロ類までカバーできる。カツオの普通サイズ、1キロ台が相手なら3号がメイン。5号よりも大きなサイズはカツオ用ではなくマグロ類かカジキ用と考えてシングルフックを使うのがよい。

カツオ用のダブルフックは1本のフックの先が二股になったもののことだが、カジキ釣りのダブルフックはシングルフックを2本使うことだから間違えないように。と言うのも、IGFAルールは二股式のダブルフックをトローリングルアーに使用することを禁止しているからで、その理由は魚の口以外にスレ掛かりする確率が高いから。そのため二股のダブルフックを使ってどんな大物を釣り上げても、記録として認定されない。

いつもこんな掛かり方をしてくれたらカジキ釣りも楽なんだけど、そうはいかないのが悩みの種

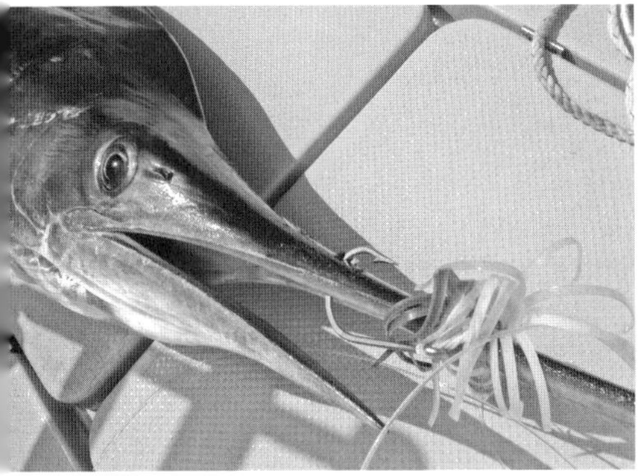

フックに関するIGFAルール

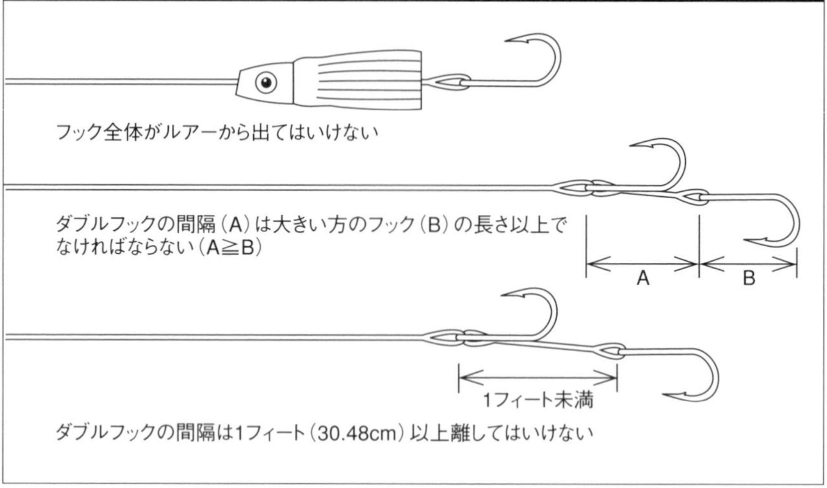
フック全体がルアーから出てはいけない
ダブルフックの間隔（A）は大きい方のフック（B）の長さ以上でなければならない（A≧B）
A
B
1フィート未満
ダブルフックの間隔は1フィート（30.48cm）以上離してはいけない

釣り大会ではルール違反で失格になるから注意する必要がある。

IGFAルールにはこれ以外にもフックの取り付けに関する決まりがいろいろある。まず、ルアーからフック全体が出てはいけない。フックを2本使う場合はフック同士が重なってはいけない。12インチ（30.48センチ）以上離れてもいけない。大きいほうのフックの長さが2本のフックの間隔より短くなければいけない。フックを1本しか使わない場合はあまり深く考える必要はないが、ダブルフックの場合はルアーのスカート部の長さとの兼ね合いで、フックの大きさや取り付け位置を慎重に検討する必要がある。

ヘッドとスカートの取り付け

トローリングルアーのヘッドにスカートを取り付ける方法は、タコスカートの頭の部分をカットして、ヘッドのネック部分に差し込んで細イトを巻いて固定する。このとき、ただ差し込んで外からイトを巻く方法と、裏返しに差し込んだ上にイトを巻いからひっくり返してイト巻き部が隠れるようにする方法がある。著者はイト巻き部が隠れているほうが

ダブルスカートの取り付け方

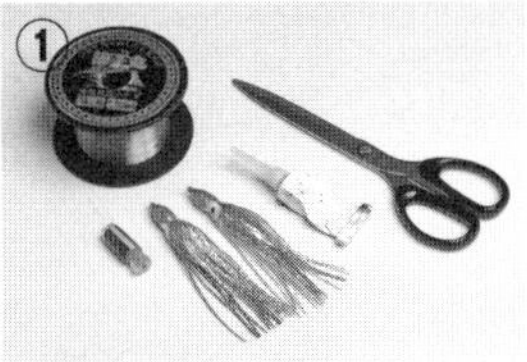

用意するもの。ルアーヘッド、スカート2枚、30〜50ポンドのナイロンライン、瞬間接着剤、ハサミなど

外側に取り付けるスカートの先端をハサミでカットする。切り口が斜めにならないように注意

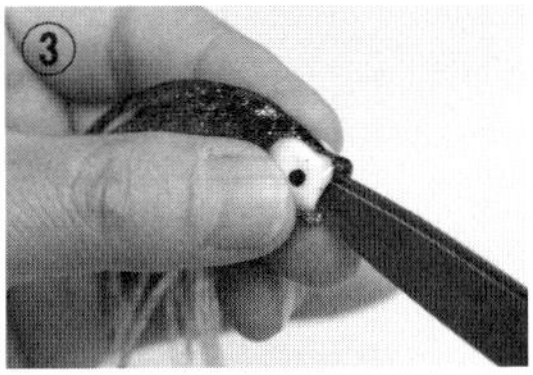

閉じたハサミなどの先をうまく使って、スカートを裏返す

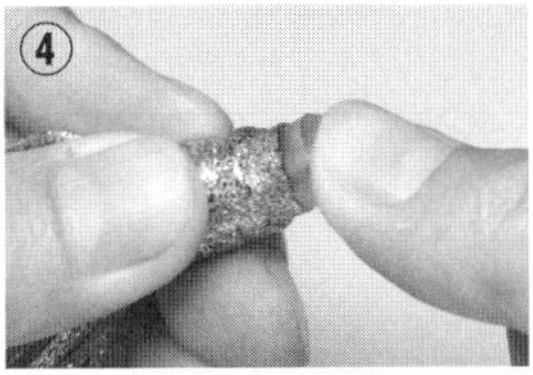

ヘッドの前側から裏返したスカートをかぶせる。きついときは、洗剤などを使って滑りをよくする

かぶせたスカートのネック部分に、ナイロンラインを強く巻き付けて固定する

ナイロンラインの結び目に瞬間接着剤を付けて固める

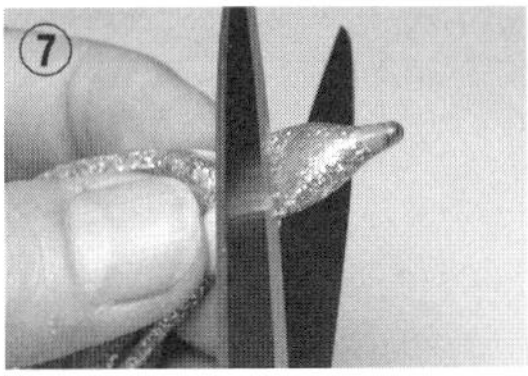

内側に取り付けるスカートの先端をハサミでカットする

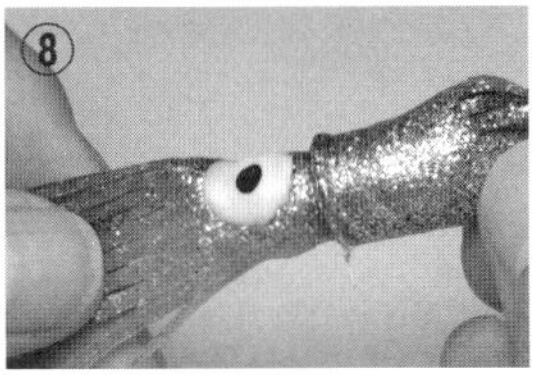

ルアーのネック部分に後ろ側からスカートをかぶせる

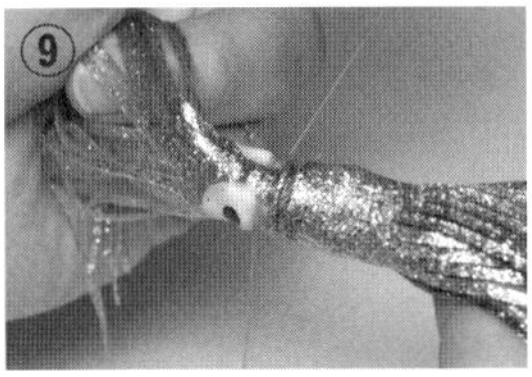

ナイロンラインをしっかり巻いて固定する

ナイロンラインの結び目に瞬間接着剤を付けて固める

裏返った状態の外側のスカートを元に戻し、内側のスカートに被せる

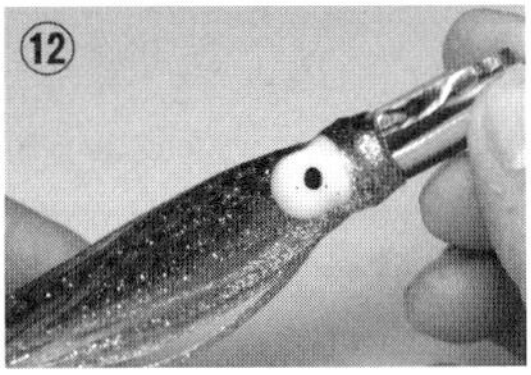

出来上がり。ダブルにするのは、スカートにボリュームを持たせるため

しいような気がして、好んでこの方法で取り付けているが、魚の釣れ方はどちらも変わりないと思う。違うとすれば、魚がたびたび食いついてきたときに、イト巻き部が外に出ていれば傷みやすいのではないかという心配があるくらいだ。ヘッドのネック部分の段差に違いがあるので、それに合わせてどちらかの方法で取り付ければよい。

スカートの取り付け方でもう一つ考えないといけないのは、シングルスカートかダブルスカートかということ。シングルはタコベイト1枚、ダブルは2枚重ね。なかには3枚重ねのトリプルスカートというのもあるが、普通はダブルまで。大きなヘッドの多くはネック部分が2段になっていて、最初からダブルスカートを前提に作られているから、これはなにも考える必要なくダブルにすればよい。問題なのは小さなルアーだ。カツオ釣りサイズの小さなヘッドに、ダブルスカートを取り付けるのは大変。おまけにネックが1段だったらもっと大変。それでもダブルにするのは、スカートにボリューム感を持たせたいからだ。

ルアーのアクションは、ヘッドの形状とウエイトバランスによって、スカートの影響を受けやすいものと受けにくいものがある。スカートが大きく長く、ボリュームを増せば増すほど、ルアーのアクションをおとなしくする方向に働く。凧揚げの奴凧に長い足を付けてバランスを取るのと同じ理屈と考えればよい。ときにはスカートの取り付け方で、アクションを殺してしまう場合もあるから気をつけないといけない。

魚がよく釣れたルアーのスカートが切れ切れになって、取り替えのタイミングに迷うことがある。そんなときは、魚が釣れてる限り取り替えないこと。スカートの足が何本も切れて、みすぼらしい感じになっても、できるだけ我慢して使い続けよう。スカートがボロボロになったルアーのほうが意外とよく釣れるもの。それでいよいよ釣れなくなったら、同じカラーで同じサイズのスカートと慎重に交換する。その結果、前と同じように釣れるか釣れないか。釣れなかったら、なにが悪かったのかと考えながら、ルアーとにらめっこする。まあ、あれこれ楽しんでいただきたい。

ヘッドのネック部分の形状。2段になっているのはダブルスカートを取り付けるため

フックのセットの仕方

フックの取り付けは、まずルアーのヘッドの穴にリーダーを通し、次にスリーブを通し、フックのアイ（輪の部分）にリーダーを通してループを作り、スリーブで止める。このとき、適当な太さのチューブを使ってループを補強するのは、リーダーのページで説明したのと同じ。ループの大きさは、フックが自由に首を振る範囲で大き過ぎない程度。フックのアイの部分の太さの2～3倍の大きさのループを作るのが、動きと美しさのバランスが一番取れているように思う。このあたりは作る人のセンスの問題で、気にしなくても魚は釣れる。

ヘッドからフックの間の位置調整は、ループの補強に使ったチューブを適当な長さにカットしてスペーサーとして入れる方法が一つ。もう一つは、スリーブを二つ使ってリーダーをダブルにする長さを変えて調整する。この方法では、上側のスリーブをヘッドの当たり止めにするわけだから、チューブを使う方法にくらべてヘッドの穴にスリーブが当たる部分のリーダーが、局所

フックのセットの仕方

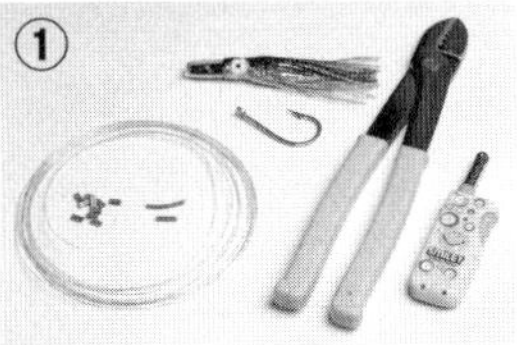

用意するもの。スリーブプライヤとフック、スリーブ、リーダー、補強用チューブ、ライターなど

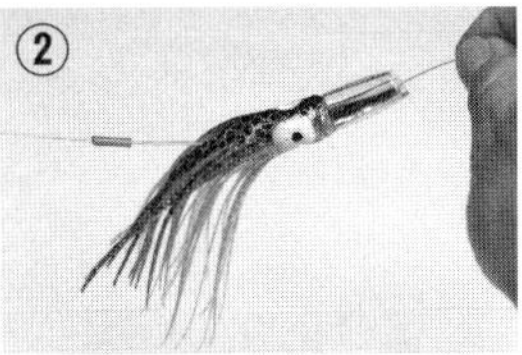

リーダーの先をルアーヘッドの穴に通し、さらにスリーブに通す

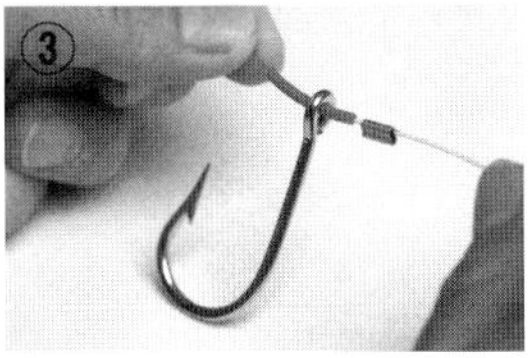

補強用チューブにリーダーを通し、さらにフックのアイ（環）に通す

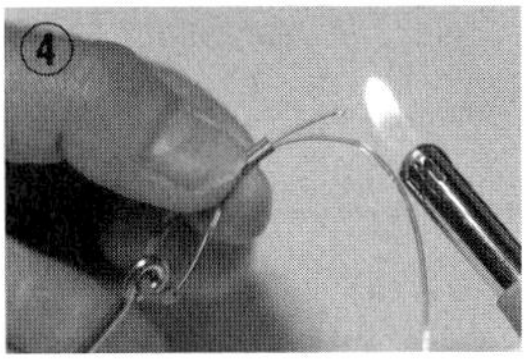

折り返してスリーブに通したリーダーの先端を、ライターの火であぶって抜け止めのコブを作る

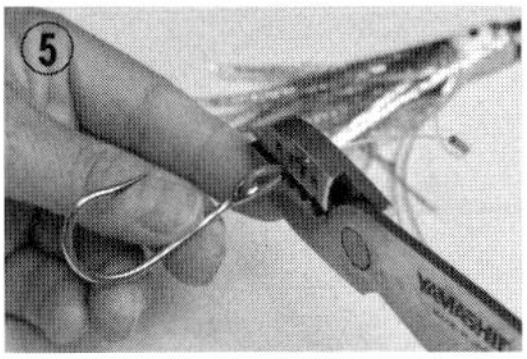

プライヤーを使ってスリーブを締める

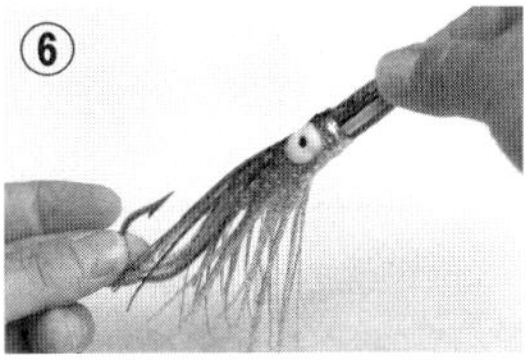

出来上がり

フックの位置調整

ルアーとフックの位置調整には、チューブを使う方法とスリーブを二つ使う方法がある

適当な長さのチューブを使ってフックの位置を調整したカツオ用ルアー

的に傷む心配がある。

フックの位置はヘッドに近いほうがよく掛かるという意見もあるが、著者はどんな魚をねらうときでもフックの末端がスカートの先から少しなかに入ったあたり止まるようにしている。このあたりの調整はお好み次第だから、いろいろ試していただきたい。ルアーとフックの大きさによって思いどおりにならないこともあるが、それをなんとか美しくまとめるのも楽しみというもの。とにかくルアーに関しては次々と問題が出てくるから、悩むことも含めて大いに楽しもう。

著者のルアーを見て、「フックが大きいね!!」といろんな人からよく言われる。これはカツオ釣りでもカジキ釣りでも同じで、著者は今までそれで魚を釣ってきたから問題はなにも感じないし、魚が釣れるのであればフックは大きいに越したことはないと思う。そのほうがガッチリ掛かってバラシが少ないし、万が一大きな魚がストライクしてきたときにも安心というもの。そう思って大きなフックを使い続けているのだが、見る人によってはえらく大きなフックを使ってるように見えてしまうらしい。

そんな人を相手ににあれこれ言っても仕方がないので、最後は好みの問題で片づけることにしている。著者は小さなフックがちまちまとルアーにぶら下がってるよりも、大きなフックがデーンと存在感を主張してるほうが好きなのだ。だだそれだけ。それを好みと取るか、フィッシングスタイルと取るかは、話を聞く人次第。魚釣りって、そういうことが多いよね。

フックの研ぎ方

フックはピンピンに研いだほうがよい。研がずに使っても問題なく釣れる。両方の意見がある。著者は研いで使う派。メーカーが研がずに使うことを推奨するジョーブフックとカツオ用のステンレス製ダブルフック以外は、すべてていねいに時間をかけてピンピンに研いで使っている。どれぐらい鋭くするかと言うと、指先でハリ先を触ってみて、スッと抵抗なく皮膚に刺さるくらい。それくらい鋭くないと、カジキのあの硬い口まわりや角の根元を貫くことはできないと思っている。ほかの魚でもハリ先は鈍いよりも鋭くてよく刺さるほうがグッサリと確実に刺さってバレにくいと思う。

研ぎ方は、金属板にダイヤモンドの粉末をくっ付けたフックシャープナーに水道水をたらしながら、まずハリ先の両サイドから研

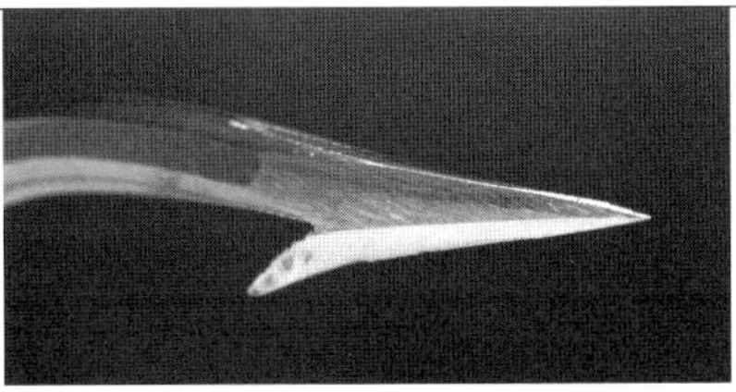

鋭く仕上がったハリ先。これぐらいに研ぎ上げようと思ったら、かなりの技術を要する

フックの研ぎ方

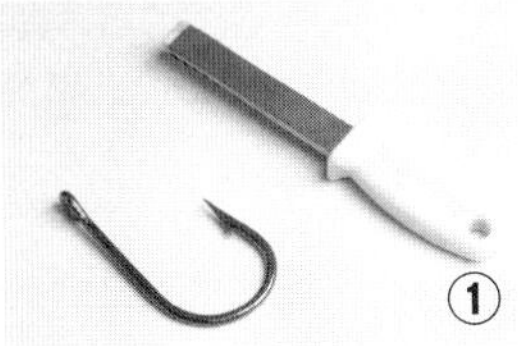

トローリングフックを研ぐには、ダイヤモンドフックシャープナーが使いやすい

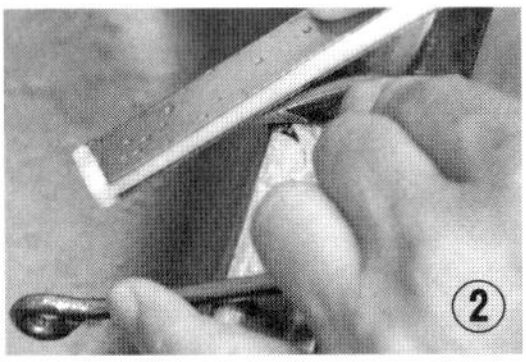

まず、ハリ先の左右両側から研ぎ始める。ハリ先とシャープナーには水道水を細くたらしながら作業しよう

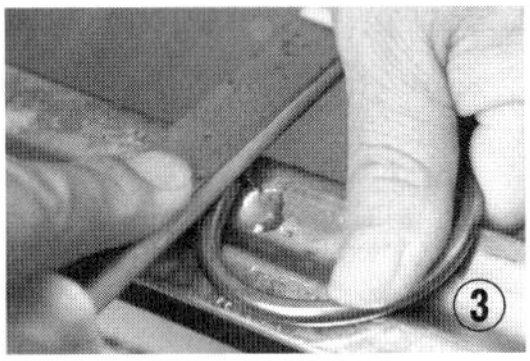

フックを持ちかえて反対側の面を研ぐ

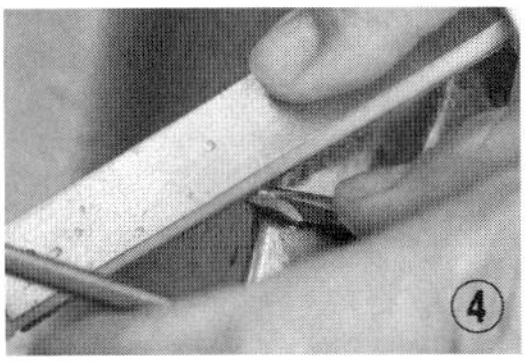

フックの内側の2面を、屋根状に研ぐ

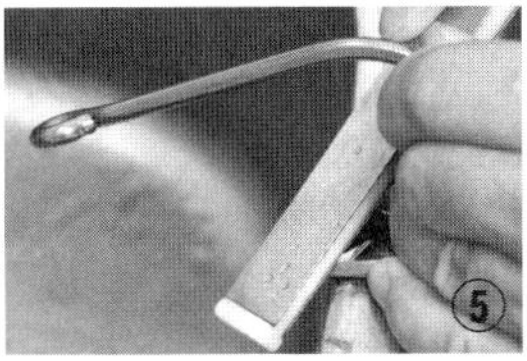

内側の反対面を研ぎ、屋根状の先端を鋭く仕上げる

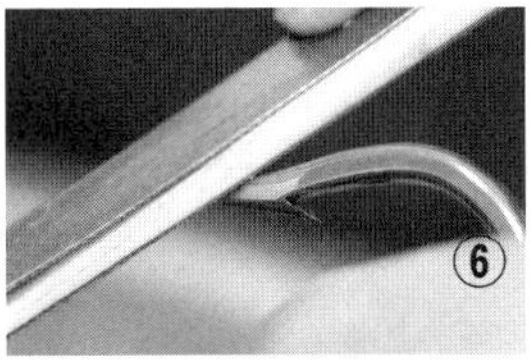

フックの外側の曲面は軽く磨く程度で、5面がハリ先の1点に集中するように仕上げる

いでいく。次にハリの内側のアゴの部分を、両サイドから屋根状に鋭く研ぎ上げる。ハリの外側の円弧状の面を合わせると5角形に近い形に研ぐわけで、この5面がハリ先の1点に集中して鋭い先端ができるように、最初は大胆に、仕上がりに近づくに従って慎重にていねいに角度を微調整しながら研いでいく。

外側の面は仕上げに軽く触る程度で、研ぐのは主に左右と内側の計4面。完全に研ぎ上がったときには、元のハリ先の形からかなり変わっているくらいだから、研ぐと言うよりもハリ先を作り直すと言ったほうが正しいかもしれない。詳しくは研ぎ方の手順写真をごらんいただきたい。

補助装置としてのティーザー(teaser)

ティーザー(teaser)とは、ヒコーキやラビットなどの集魚装置のこと。ルアーと組み合わせて使うことから、このページで解説することにした。セットする位置はラインとリーダーの間。ラインのスナップをティーザーに引っ掛け、ティーザーのスナップをリーダーに引っ掛けるだけだから、取り付けは簡単だ。集魚目的だけでなく、小さなルアーをアウトリガーにセットして遠いポジションで曳くときに、風や波の影響で横流れするのを防ぐ目的で使うこともある。

ヒコーキは曳き縄釣りの漁船が古くから使ってきた伝統的な集魚装置で、大きさや形状によりさまざまなタイプがある。もっとも大きなものは全長1メートルを越えるほどだ。このタイプのティーザーは、波の抵抗で前後のアクションをルアーに加える働きをする。この動きを生かすには、抵抗の少ないバレットタイプのルアーと組み合わせて、グラスファイバー製のしなやかなアウトリガーで曳くのが理想だが、それ以外の方法で使っても十分な働きが期待できる。

ラビットも目的は同じで、より軽便なティーザーとして愛用者が多い。トローリングに使って問題があるとすれば、波頭に引っ掛かったり突っ込みやすいこと。カツオ釣りなどでドラグを緩くして曳いてるときに、ラビットが波に引っ掛かってラインが一瞬ジジッと出ることがある。できれば小型のヒコーキを使いたいのだが、なかなか十分な集魚効果を備えたものが見つからない。そのため、いまだにラビットを使い続けている次第。

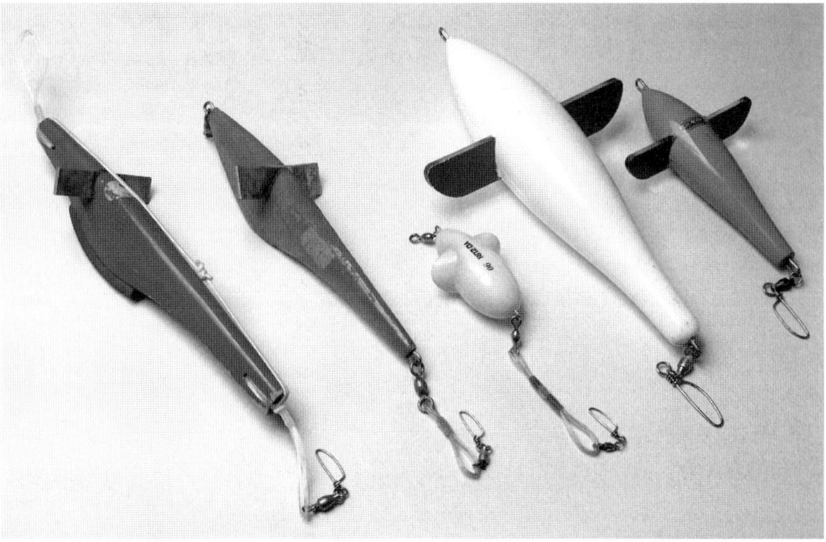

ティーザー各種。左からヒコーキ大、小、ラビット、ホーク、ミニホーク

ヒコーキ、ラビット以外に外国製のティーザーも各種ある。さらにカジキ釣りでは、タックルにセットせずに単独で曳くタイプのティーザーもあって、水中でミラーをギラギラと輝かせたり、ヒコーキ型のがいくつも直列になって激しく水しぶきを上げるようなのもある。これらをいくつも曳くボートもあるが、慣れたクルーが揃ってないとストライクが来たときに片づけるのが大変。小さなボートでは取り回しの問題もあるので、なんでもかんでも使えば効率がアップするというものではない。

それともう一つ、ルアーとティーザーの組み合わせの問題もある。大きなコナヘッドの前にティーザーをセットしてるのをたまに見かけるが、あれは意味がないと思う。コナヘッドは単体で魚を寄せる効果と食わせる効果の両方を備えたルアーだから、それにティーザーを加えるのは意味がないばかりか、せっかくのよいアクションを殺してしまう恐れさえある。逆の言い方をすれば、ティーザーを付けないと釣れないコナヘッドなんか使わないほうがよい。ティーザーはあくまで組み合わせるルアーを選んで使ってこそ、お互いの性能を補完し合ってよい結果が出るということをお忘れなく。具体的な使い方については、各魚種の釣り方のページで解説する。

Troll boat rigging
トローリングボートの装備

ボートの話はしない

ボートの話となると百家争鳴、どんな船型がよいの、どれぐらいの大きさがよいの、挙げ句の果ては魚がよく釣れるボートとはなどと、魚に聞いてきたのかとたずねたくなるようなことを論じたがる御仁が少なくないが、ここではそういうことは述べない。はっきり言って、どんなボートでもトローリングはできるし魚も釣れる。

トローリングに必要なボートの大きさは何フィートで何馬力以上かなんて問題も、そのボートで行ける範囲内にいる魚を釣るのであれば、安全上必要な条件を満たしていればそれでよいことになる。近くの海にマグロやカジキがいれば小さなボートでも十分釣れるし、遠くまで行っても魚がなにもいなければ、どんなに大きくて足の速いボートでも釣れない。それだけのことだ。

ただし、トローリングをするのであれば、最低限必要な装備が揃っていたほうがよいし、そのほうが格段におもしろいことは間違いない。もちろんなにもかも揃ってるほうが釣りやすくて効率もよいが、最初から無理して装備しなくてもよいものもあるので、ここでは必要度の高い装備から順に解説していくことにする。

ちなみに著者のボートは全長33フィート

で260馬力だが、これは母港の係留と上架整備の条件に合わせた大きさで、特に深い考えはなにもない。ごくありきたりなメーカー製フィッシングボートにトローリング装備を施して、それで十分満足して釣りができている。波が高いときはもっと大きいほうが楽だが、1人で釣りをするときの取り回しに無理があるし燃料がたくさんいる。キャビンの上で操船するフライブリッジ艇も、1人でトローリングするのは無理がある。

つまり、いつでも気楽に1人で釣りに行けるようにしておこうと思ったら、これくらいのサイズのボートが適当だと思う。って、ボートの話はしないと言ってたはずなのに、いつの間にかしてるじゃないか!!　これだからボートの世界は恐い。みなさんもくれぐれもお気をつけて……。では、ボートの話ではなく、装備の話を始めよう。

ロッドホルダー(rod holder)

トローリングボートの装備と言うと、よく目立って格好いいアウトリガーが真っ先に思い浮かぶかもしれないが、アウトリガーはなくても釣りはできる。実際にアウトリガーなしのロッドから直曳きで毎シーズン、カジキを釣っているボートだってある。それよりも、まず必要なのがロッドホルダーだ。なにしろトローリングは1日中ボートを走らせてルアーを曳っ張ってるから、ロッドを手に持ってがんばってるのはつらいだけだし、そんなトローリングはおもしろくないからね。

初めてトローリングにチャレンジしてみるのであれば、まず専用タックルを買う前にロッドホルダーを装備しよう。最初は最低限の左右一つずつでよい。タックルは手持ちのもので、ルアーだけ買って試してみよう。それでおもしろいと思えばよし。やっぱりトローリングは自分には合ってないと思って撤退することになっても、この段階なら最小限の出費ですむというもの。タックルからボート装備までしっかり揃えるのは、本気でやると決めてからでも遅くはない。

埋め込み式

ロッドホルダーにはボートへの取り付け方でいろいろなタイプがある。そのなかでもっとも強力なのが埋め込み式。ロッドの抜き刺しがスムーズで、50ポンドクラス以上のタックルでも安心して使うことができる。本格的なトローリングボートが装備してるのは、たいていこのタイプだ。

埋め込み式ロッドホルダー

ガンネルマウント式ロッドホルダー

埋め込み式の問題点は、小さなボートには取り付けるスペースがないことと、舷縁がオープンタイプでないとロッドホルダーに流れ込んだ水が船内に溜まってしまうこと。そのため、比較的大きなボートに向くタイプと言えるが、外国製のフィッシングボートは20フィート台でもロッドホルダーの取り付けを考慮してオープンの舷縁になったモデルが多いし、国産でも同タイプが増えつつある。

長さ、太さ、傾き角ともに各種あるが、装備するときは特に長さに注意する必要がある。長短2種類あって、長さ9インチ(約22.5センチ)前後のものは、バットが短いスタンディングファイト用ロッドをセットするのにちょうどよい。長さ11インチ(約27.5センチ)前後のものは、ファイティングチェアに座ってファイトするためのバットが長いロッドに合わせてある。もし長いロッドホルダーにバットが短いロッドをセットすると、ハンドルを回したときに舷縁に接触する恐れがある。このあたりは、舷縁の構造や取り付けたときの位置関係の問題もあり、なにしろ埋め込み式のロッドホルダーは一度取り付けたらそう簡単に交換できないので、購入前に慎重な検討を要する。傾き角は、両サイドのホルダーは30度、船尾のホルダーは作業性を考えて15度が適当。

著者のボートはファイティングチェアを使ってカジキを釣ることを主目的に作ったので、すべて埋め込み式で、長さ11インチのロッドホルダーを装備。短いバットのロッドを使うときやスピニングロッドをセットするときに備えて、ロッドのバットを受ける本来のピンの位置から5センチ上に穴を開けて、必要なときはそこに別のピンを差し込んで短いロッドホルダーと同じ深さになるようにしている。

ガンネルマウント式

ガンネルマウント式は、ロッドの方向や角度が簡単に幅広く調整できて、使わないと

クランプオン式ロッドホルダー

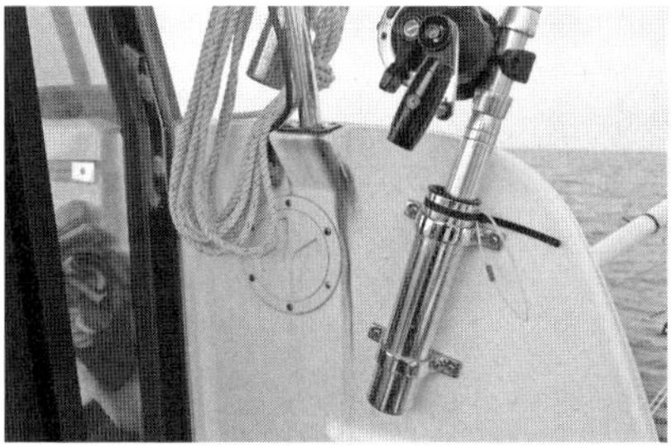

フラッシュマウント式ロッドホルダー

きは本体を外しておけば他の釣りの邪魔にならないので、小型ボートにはこのタイプが一番お勧めだが、ちょっと高価なのが難点。強度はガンネルとの兼ね合いで、頑丈に取り付ければ50ポンドクラス以上に耐えるが、舷縁の大きさにもよるので、その点には十分注意しないといけない。

このタイプで問題なのは、舷縁上に取り付けたベースにホルダー本体をセットする構造から、どうしてもロッドのセット位置が高くなってしまうこと。そのため、ロッドの長さとの兼ね合いで、作業性が悪くなってしまうことがある。それでも小型ボートには角度調整や本体を取り外し可能など、その欠点を上回る利点がある。

クランプオン式

船尾にハンドレールがあるボートには、クランプオン式が位置や角度を自由自在にセットできて便利。このタイプは金属製、プラスチック製、高級、安価、さまざまな製品があるが、プラスチック製は予備のロッドを立てておくためのもので、トローリングには使えない。それと、ハンドレールが丈夫でないと、曲がったり凹んだりすることがあるから注意が必要。同じ理由から、取り付け時にやたら強い力でネジを締め付けるのも考えものだ。

クランプオン式の欠点は、いつの間にかネジが緩んで、突然クルンと動くこと。これがストライク時に起こると、へたをするとタックルを持って行かれかねない。取り付けてからしばらくたてば、適当に錆が回ってネジも緩みにくくなっているだろうが、新品の間はハンドレールが変形して締め付けが甘くなることも含めて、ときどき点検する必要がある。

フラッシュマウント式

ボートの舷縁の内側やキャビンの壁などの平面に取り付けるようになったタイプのロッドホルダー。これも、プラスチック製は予備のロッドを立てておくためのもの。トローリングに使うなら金属製だが、取り付け角度が面の角度に支配されるのが難点。さらに舷縁内に出っ張りができるのを嫌うことから、トローリングにはあまり使われない。ボートの構造によっては使い道があるかも。

ロッドホルダーの取り付け

ロッドホルダーの取り付け位置は、そのボートで使うタックルの配置によって決まる。普通は左右両舷に二つずつの4セットか、船尾中央にさらに一つ加えた5セットが基本。小さなボートでタックルを3セットしか使わないのであれば、左右に一つずつと船尾中央か船外機を避けて少しずらした位置に一つ。大きなボートでさらに多くのタックルを使うときは、その数だけロッドホルダーを装備することになる。

取り付け時には、裏板を当てるなどの十分な補強が必要。位置で注意しないといけないのは、それぞれのタックルが干渉しないように十分な間隔を開けて取り付けること。最低限、魚が掛かってロッドが曲がったときにぶつからないだけの間隔を開けないといけないが、それ以外に魚とのファイトやランディング時のこともよく考えて配置しないといけない。両舷に二つずつ取り付け

標準的なトローリングボートのロッドホルダー取り付け位置

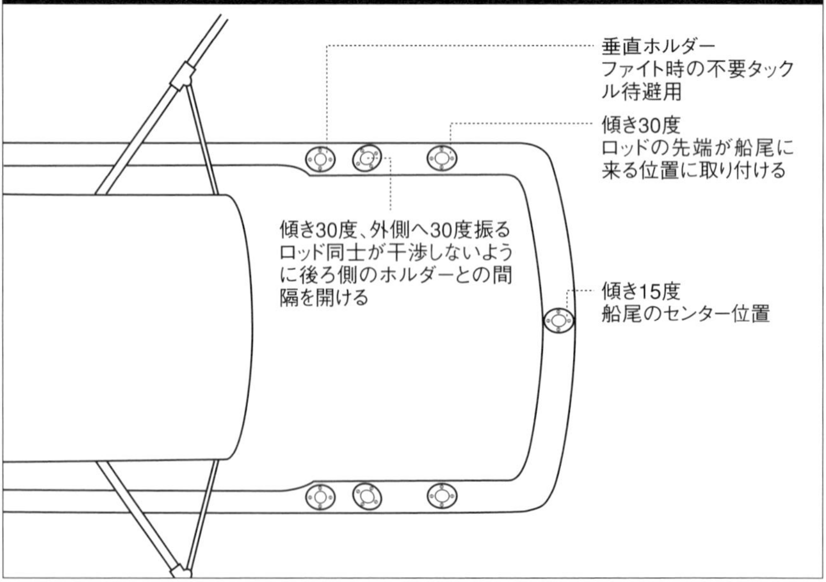

るときは、前側のホルダーを外へ30度振ってロッド同士が干渉しないようにする。また、両舷の後ろ側のホルダーは、斜めにセットしたロッドの先がちょうど船尾の真上の位置に来るように取り付ける。これはルアーを出したり回収したり、魚をランディングするときにリーダーを簡単に手でつかめて作業性を落とさないため。

しっかりしたロッドホルダーにまともなトローリングロッドをちゃんとセットしてある限り、大きな魚がどんなに暴れてもタックルがホルダーから外れてすっ飛んでいくようなことは普通ないはずだが、国内のチャーターボートなどでは常にそんなわけにはいけない。短いホルダーしか装備してないボートでカジキをねらうときなど、少しでも不安があれば、念のためセーフティーコード(尻手ロープ)をセットしておこう。

アウトリガー(outrigger)

アウトリガーがなくても魚は釣れると先に書いたが、やっぱりあったほうがトローリングらしくていいよね。装備するときに、まず最初に迷うのは、ポールの素材をFRP製にするかアルミ製にするかだ。FRP製ポールはティーザーのところでも書いたとおり、ルアーが受ける波の抵抗などでリズミカルにしなってアクションに変化を与え、魚の食いを誘う働きをする。だったらFRPでいいじゃないかと思うかもしれないが、話はそう単純ではないからおもしろい。

FRP製ポールでカジキ用などの大きなルアーを曳くと、ルアーが水面に出て抵抗が途切れた瞬間にポールの曲がりが戻ってルアーが大きくジャンプしてしまうことがある。波が高いときほどこういうことが起こりやすく、もしそのときに魚がルアーを食おうとねらっていたら、おかしなアクションをした瞬間にすべてはパーになってしまうかもしれない。本格的なトローリングでアルミ製ポールが好まれるのは、こうした理由から。大きなボートに装備する長いアルミ製ポールには、途中に十字形のスプレッダーを出してステンレス線を張り、極力曲がらないようにしているものもある。

小型艇のアウトリガー

ボートへの取り付けと展開にもいろんな方式あって、自分のボートに合ったものをよく考えて選ばないといけない。もっとも簡単なのは、コンソールの左右に首振り式の

二点支持式アウトリガー

Tトップマウント式アウトリガー

ベースを取り付けて、展開したときは船べりで受ける二点支持式。たいそうな構造のアウトリガーベースを取り付けるスペースがない小型ボートはこの方式を採用してる場合が多く、ポールはたいていFRP製。と言うのは、アルミ製ポールを二点支持式で取り付けると、無理な力がかかったときに船べりの受けのところで曲がってしまう恐れがあるからだ。

もう一つ、小型ボートに向いている方式として、センターコンソール艇の屋根からアウトリガーを出して、使わないときは後方へクルリと回しておくTトップマウント式がある。外国の小型センターコンソール艇はこの方式が増えつつあるが、日本ではあまり普及していない。その最大の理由として、同じ小型艇でも波風を避けることができるFRP製トップが好まれることがある。そもそもしっかりしたTトップを装備したセンターコンソール艇が少ない上に、アルミの工作にも問題があるなどの理由から、今後日本で普及するかどうかは疑問。このあたり、トローリングボートの装備一つ取ってもお国柄が現れるのがおもしろい。

本格的なアウトリガー

本格的なトローリングボートのアウトリガーは頑丈なベースにセットされていて、展開するときはワンタッチでロックを解除できるようになっている。ただし、そう簡単な作業ではなく、大きなボートだとフライブリッジに上がったり下りたりしないといけないから、キャプテン1人ではたいへん。このロックやリリースにもいろんな方式があるので、自分のボートに合った便利で作業性のよい方式を選ぶ必要がある。取り付けなどはボート業者に任せるのが普通なので、トローリングをよくわかった業者と相談しながら慎重に進めること。一度取り付けたら角度調整もままならない構造のものもあるので、事前に十分な検討を要する。

アウトリガーシステムのいろいろ

アウトリガークリップを使ったシステム

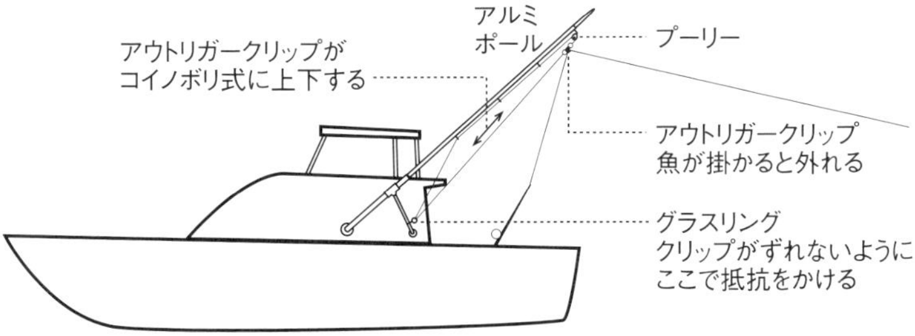

タグラインシステム

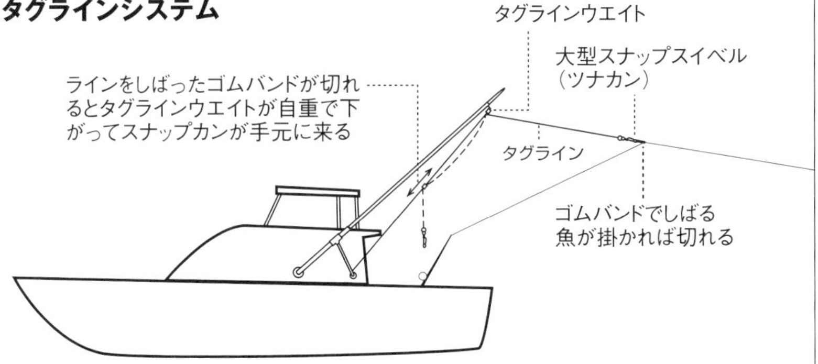

簡単なシステム

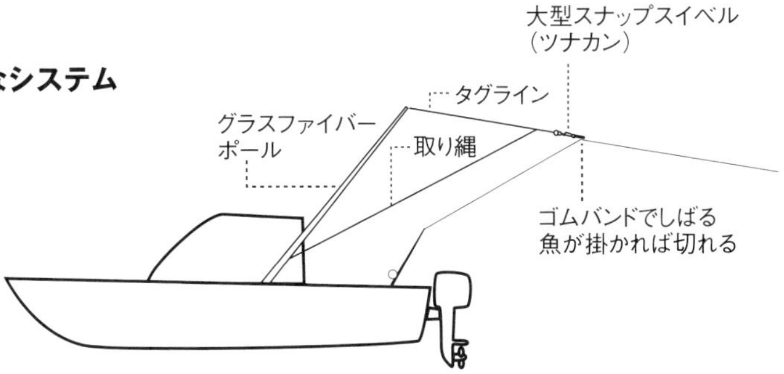

長さは小型艇用で5メートル前後、長いものはポール単体で6メートル前後、それにベースのシャフトの長さが加わって8メートル前後になる。いくらアルミ製ポールでも、これくらいの長さになるとどうしてもルアーの抵抗でしなるから、スプレッダーシステムで補強するのは先に書いたとおり。ちなみに、曳き縄釣りの漁船が使っているFRP製ポールは長いものだと10メートルに達するから、トローリングボートのアウトリガーが長いと言っても漁船には負ける。

もう一つ、漁船との大きな違いは、取り付け角度にある。漁船のFRPポールは左右に直角に出ていて、高さも比較的低い。これはポールの途中から何カ所も縄を伸ばしてルアーを曳くので少しでも長さを稼ぎたいのと、低くしているのは波風の影響でルアーが左右に振られるのを防ぐため。

一方、トローリングボートのアウトリガーは斜め後方に高くセットされていて、後退したアウトリガーの先端がほぼ船尾のラインに揃うようになっている。これによりロッドで直接曳くルアーと、アウトリガーで曳くルアーの起点が一直線に揃い、ルアーやラインなどの位置関係から生じるさまざまなトラブルを回避できる。

漁船とトローリングボートのアウトリガー

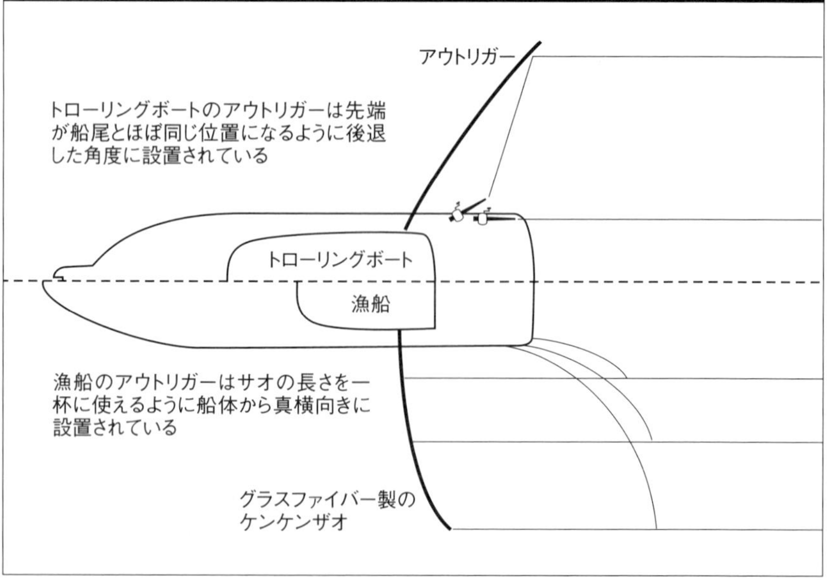
アウトリガー
トローリングボートのアウトリガーは先端が船尾とほぼ同じ位置になるように後退した角度に設置されている
トローリングボート
漁船
漁船のアウトリガーはサオの長さを一杯に使えるように船体から真横向きに設置されている
グラスファイバー製のケンケンザオ

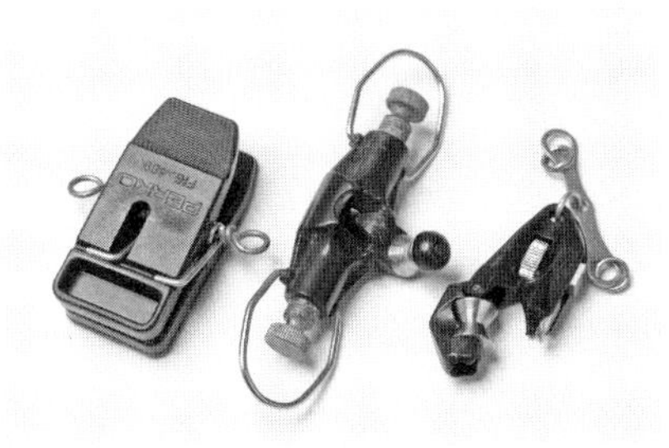

アウトリガークリップ

ラインは内から外へ出るようにクリップに掛ける

高い角度にセットするのは、ボートを旋回させてラインが重なり合ったときのトラブルを防ぐため。ただし、あまり高い位置からルアーを曳くとアクションに影響が出るので、そのときはラインを長く伸ばしてやらないといけない。アウトリガーの角度とルアーの遠近、適不適などは密接な関係があり、一筋縄ではいかない問題を含んでいる。

リリースシステム

アウトリガーにセットしたルアーに魚が掛かると、自動的にラインが外れるようになっている。そのためのリリースシステムにもいろいろな方式があって、あれが便利、これが信頼できると話題が尽きない。

現在、もっとも普及しているのは、アウトリガークリップを使う方法だろう。アウトリガーのリングに通したコード（細ひも）にクリップを取り付け、鯉のぼり式に移動するようにしておく。クリップを手前に引き寄せてラインを引っ掛け、スルスルとポールの先端に移動させればセッティング完了。ルアーの位置調整もリールからラインを出したり巻いたりするだけだからとても簡単。ラインが外れるときの力の強さは、ネジで調整できるようになっている。ルアーの抵抗では外れず、魚がストライクしてきたら軽い力で外れるくらいにしておこう。

古くから愛用されてきたリリースシステムとして、ポールから伸ばしたタグラインの先にゴムバンドでラインを縛り付け、魚が掛かったらゴムバンドが切れてラインがリリースされる方式がある。オーナーボートでは少なくなりつつあるが、外国のチャーターボートでは現在も少なくないし、日本の漁船をチャーターしたときもこの方式になっていることが多いので、常識の一つとして覚えておく必要がある。

ゴムバンドは強過ぎない天然ゴム製のものを使うのがよく、専用のものが売られている。太さはタックルのラインクラスに合わせて、50ポンド、80ポンドクラスなら幅1センチ程度、30ポンドクラス以下には幅5ミリ程度。ゴムバンドを強く引っ張りながらラインの所定の位置に何回も巻き付けて固定し、タグラインの先のスナップに引っ掛ける。ゴムバンドは魚が来て切れたときに外れてくれないとファイトのじゃまになるので、結び付けるのは厳禁。この方式の欠点として、ルアーの位置調整をしようと思ったら、いちいちセッティングし直さないといけないのと、天然ゴム製のバンドは劣化が早く、長期間ストックしておけないことがある。利点は、アウトリガーシステムがとても簡単になること。

それ以外に、洗濯ばさみ式のアウトリガークリップを使って、ロッドの先からクリップまでの間のラインを大きくたるませ、魚がルアーに触ってクリップからラインが外れたときにルアーが一瞬フリーになって海中に漂って魚の食いを誘うドロップバックシステムなどもあるが、一般的ではないので本書では紹介するだけに留めておく。

フラットラインクリップ(flat line clip)

タックルで直接、近い位置でルアーを曳くときに、ロッドの先からラインが伸びていると角度がきつ過ぎてアクションが安定しないことがある。そのための角度調整をするのがフラットラインクリップで、船尾の各所にスナップで取り付けるようになったものが市販されている。ロッドやリールに取り付けて使うこともあるが、この場合はラインがリリースされたときに絡まないように注意しないといけない。

仕組みはアウトリガークリップとよく似ている。ストライクがきたときに自動的にラインが外れたり、そのときの力の強さを調整

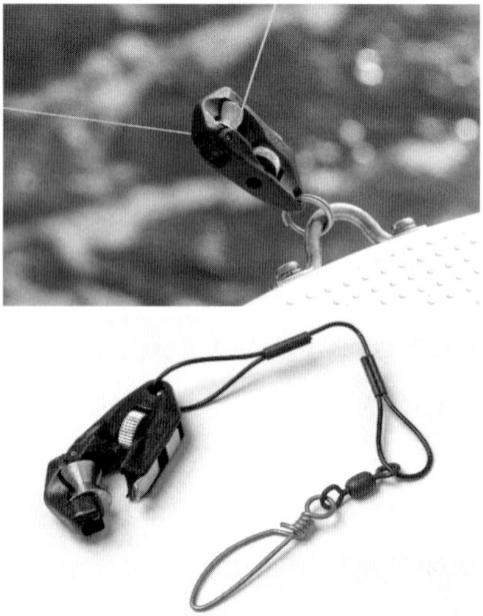

(上)固定式フラットラインクリップ
(下)スナップオン式フラットラインクリップ

できたりするのも同じ。目的はもっぱらラインの角度を低く押さえることで、ラインが水平に近くなることからフラットラインと言う。また、このポジションのルアー配置をフラットラインと呼ぶこともある。

フラットラインクリップは、本格的なトローリングでは使用頻度がけっこう高い。と言うよりも、常時使用する必須アイテムと理解するのが正しい。だから、本気でトローリングをやるのであれば、ぜひほしい装備だと言える。できれば船尾に直接取り付けたほうがラインをセットするときの作業性がよいが、取り付け方の問題もあるので最初はスナップでどこかに引っ掛けておいてもかまわない。ボートのいろんな装備は、仮付けできるなら、まずそれで使いながら最終的にどんな取り付け方をするかを考えたほうが間違いないと思う。

GPS魚探(GPS fish finder)

詳しくは魚の探し方と釣り方のページで解説するが、現在のトローリングにGPS魚探は不可欠の装備だと言える。その主な役目は、ボートの位置を常時把握することと、水温を確認すること。魚探はあるに越したことはないが、なくてもそう大きな問題はない。つまり、GPSプロッターと水温計を別々に装備してもかまわないのだが、スペースの問題もあるし専用の水温計は高価なので、普通は水温計付きのGPS魚探を装備することになる。もちろん大きなボートで設置スペースがあり、予算も十分に取れるのであれば、GPSと魚探と水温計を別々に装備するのが理想であることは間違いない。

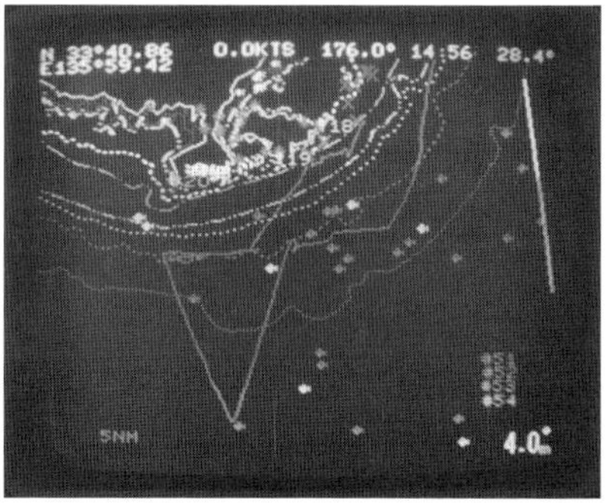

GPS魚探はトローリングボートに必須のデータ中枢

取り付けで注意しないといけないのは、水温計のセンサーの位置と調整。位置や取り付け方については専門的な話になるので割愛するが、失敗すると正確な水温データを安定して取れないこともあるので、経験豊富なボート業者とよく相談して作業を進めること。このあたり、ボート業者のスキルの高さがよく現れるところだが、釣りのことをなにもわかってない業者が意外といることを、老婆心ながら申し添えておく。

GPS魚探の水温計には個体差があるので、誤差を修正しておく必要がある。この調整をちゃんとやってないボートがけっこうあって、ごく近くのボート同士で無線交信しているにもかかわらず1度以上違う水温を言っていることがある。これではなにもわかってないことになってしまって格好が悪いので、水温計の調整は港で並んだボート同士などでたまにやっておこう。

ファイティングチェア(fighting chair)

トローリングと言うと、がっちりとしたファイティングチェアに座って大きな魚と戦うイメージが強いかもしれないが、これも大きな誤解の一つ。ファイティングチェアがないと大きな魚が釣れないわけではないし、トローリングができないわけでもない。チェアに座ってファイトしないといけない大きさの魚が掛かる頻度とボートの大きさの兼ね合いを考えれば、普段の釣りにはじゃまになるだけだから、大きな魚が来たときにはスタンディングファイトでがんばればよいとの判断もあり得る。このあたりは釣り場とボートの条件による。

もしボートにスペースがあって、本気で大きな魚をねらってそこそこの成果が期待できる条件が揃っているのであれば、ファイティングチェアがあったほうが魚との闘いを大幅に効率よく有利に展開することできる。ただし、その場合はキャプテンとは別にファイトするアングラーが最低限1人はいないといけない。

著者のボートはスペースに合わせて小型のファイティングチェアを装備しているが、キャプテン1人でマグロやカジキとファイトするときはチェアを使わず、スタンディングファイトでもなく、ロッドホルダーにロッドを立てたままでラインを巻いている。操船で魚とファイトし、ヒキが弱くなったときにラインを巻く、そんな感じだ。ただし、これはIGFAルール違反だから記録にはならない。

ファイティングチェアにはデッキに固定する本格的なものと、置いておくだけの簡易式がある。簡易式にはチェア部が回転

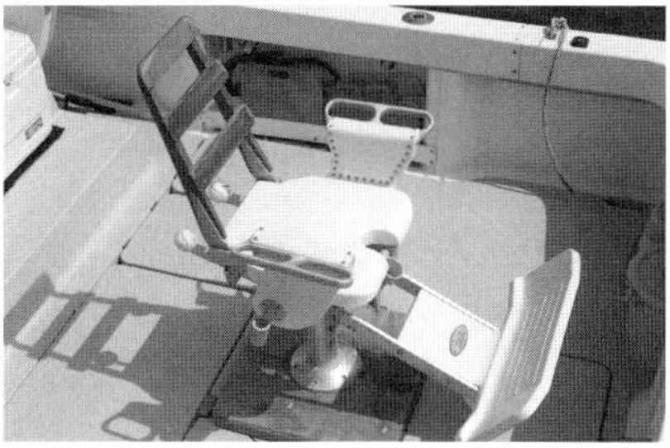

固定式ファイティングチェア

移動式ファイティングチェア

するものとしないものがある。魚が走った方向へチェアを向けて常に正対してファイトするには回転式でないといけないが、小さな船外機艇なら軽快に向きをかえることができるので、その場合は固定式でもファイトはできる。

スタンディングファイトで疲れたら簡易式のチェアに座り、魚があらぬ方向へ走ったら、ふたたびステンディングでファイトして、それでカジキを釣ってるボートもある。不利な条件を克服して大きな魚を釣ってこそ、おもしろいとする考え方もあり、どんな装備でどんなファイトをするかはあくまで各艇、各チームの好みと考え方次第。そこに一本筋が通っていれば、それでよいと思う。

ファイティングチェアを使うときは、魚が掛かる前に、タックルやアングラーの体格に合わせてジンバルやフットレストの位置を調整しておくこと。フットレストの位置はファイトのしやすさに大きく影響するから、ファイト中でも機敏に再調整できるようにしておかないといけない。ジンバルの位置はファイト中には変えにくいので、ロッドのバットの長さに合わせて事前に調整しておく。そのため、なるべくなら使用タックルのバットの長さは揃えておいたほうがよい。チェアの背もたれは、ファイト時には不要。後ろへ倒してチェアを回転させるための取っ手として使う。

ファイティングチェアと似た装備に、ロッドのジンバルをセットしてスタンディングファイトするためのベースがある。いかにもファイトが楽になりそうな感じがするが、実際に使ってみると、いまいち使い勝手がよいとは言えない。ファイティングチェアを装備するスペースがない小さなボートは、どんな大きな魚が掛かってもスタンディングで勝負すると割り切ったほうがシンプルだし、タックルも中途半端にならなくてよいのではないかと思う。

ギャフ、ランディングネット、タギングスティック (gaff, landing net & tagging stick)

魚を船べりまで寄せてきて、リーダーをつかんで引き上げられないときに使うのがギャフ。日本語で言えば手カギになるが、専用のギャフはとても使いやすくて失敗が少なく、しかも長い間使えるから、しっかりしたものを買っておこう。できれば長短二種類で、短いほうはハンドルの長さが60〜80センチ程度、長いほうは1メートル以上。魚の大きさに合わせてどちらか一方を使い、それだけで魚を上げられないときは、もう1本も使って2人がかりで引き上げるなどする。

10〜20キロクラスまでの魚ならこれで大丈夫だが、もっと大きなマグロやカジキなどを釣るのであれば、フックがハンドルから外れるフライングギャフが必要。フライングギャフのフックには太さ6ミリ前後のロープを付けてお

ランディングに必要な装備

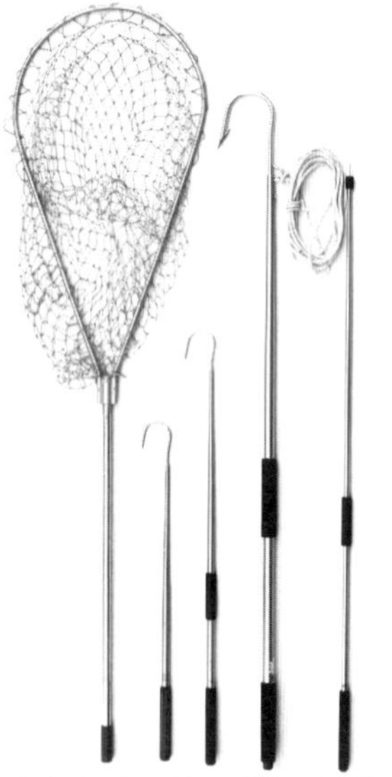

左から、ランディングネット、固定式ギャフ短、長、フライングギャフ、タギングスティック

ギャフとランディングネットに関するIGFAルール

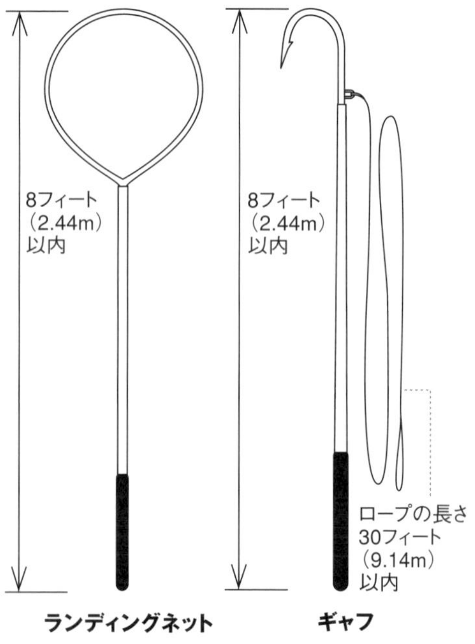

こう。このロープの長さにはIGFAルールによる制限があって、30フィート(9.14メートル)以内でないといけない。固定式のギャフは全長が8フィート(2.44メートル)以内、固定式ギャフにロープを付けるときは、フック部を除くハンドルとロープの合計の全長が30フィート(9.14メートル)を以内でないといけない。

トローリングの太いリーダーをつかんで抜き上げられない大きさの魚に、ランディングネットを使う機会はそう多くない。シイラなどをリリースする都合で、どうしてもネットを使いたいというのであれば、相当大きなものを用意する必要がある。著者のボートにはネット部の長径1メートル、短径60センチほどのものを載せているが、これは小さい人ならスッポリと被せられるくらいの大きさがある。まあ、それくらいはないと役に立たないということ。ネットの全長についてもIGFAルールによる制限があって、ハンドルからネットの先端までが8フィート(2.44メートル)以内。ハンドルが伸縮式のものは、使用時に伸ばした長さがこの制限内でないといけない。

魚をリリースするときにタグを打って、いつどこで釣れたという目印を残すために必要なのが、タギングスティック。その魚がふたたび捕獲されたときにタグを確認できれば、どれだけの期間にどこからどこまで移動して、どれくらい成長したかなどの貴重なデータが得られる。日本でもタグ&リリースが盛んになって、カジキをリリースすることも普通に行われている。

タギングスティックはギャフとよく似たハンドルの先にタグをセットするための細いチップが付いている。チップの先は鋭く尖っていて、これが魚体に突き刺さると同時にタグのアンカー部が埋め込まれる。タギングスティックもギャフと同様、長く使えるものだが、チップは使用に際して曲がったり折れたりすることがあるので、予備を用意しておいたほうが安心。

アイスボックス(ice box)

アイスボックスは、置けるスペースがあるなら大小二つ用意するのがよい。大きいほうに氷をたっぷり入れておいて、空いたスペースには食べ物や飲み物を保管する。小さいほうのボックスは釣れた魚用で、魚を入れた上に大きいボックスの氷を必要なだけぶっかけてやる。こうしておけば食べ物や飲み物と魚が一緒くたになるこ

アイスボックスは大小二つあればとても便利

とはない。

適当な大きさは、普通に釣れると想定される魚が小さいほうのボックスにスッポリと入る十分な長さがないといけない。めったにないことだが、もし小さいボックスに入らない大きさの魚が釣れたり、たくさん釣れ過ぎて満タンになってしまったときは、大きいほうのボックスも魚用にする。そういう使い方だから、大きいほうのボックスは可能な限り大きいほうがよく、これは基本的にボートに積みっぱなしにしておく。

著者が常時ボートに載せているアイスボックスは約100リットル。積み降ろししてる小さいほうは約60リットル。釣りに行くときは、漁協で小さいボックスに満タンのクラッシュアイスを買って運び込んで大きいほうに移し、小さいほうは空にして魚を入れるのに備えるという使い方をしている。氷の量はこれでたいてい間に合うし、普通は小さいボックスだけで魚は余裕で収まる。まあ、できることなら収まってほしくないけどね。

大きいほうのボックスには、マグロの20キロまでなら入る。もし入らない魚が釣れたときは、デッキに転がして氷をかけておくしかないが、そうたびたびあることではないし、そんな大きさの魚はまずカジキしかいないので、どっちみちボックスには収まらない。どんなに大きなボックスでも入らない魚は入らないから、それはそれで仕方がないと割り切るしかない。まあ、だいたいこんなところで、後はボートと釣れる魚の大きさに合わせて、どんな大きさのアイスボックスを選ぶか各自で考えていただきたい。

グローブ、プライヤー、バット(glove, plier, bat)

魚とファイトするときに、ロッドやリールのハンドルを握ったり、リールに巻くラインがかたよらないようにならしたりするには、グローブがあったほうが手を傷めなくて楽。できれば自分の手にピッタリ合った、薄手の革製グローブがほしい。専用のフィッシンググローブを釣具店で各種売っているので、自分の手に合うものを買っておこう。

魚をランディングするときにリーダーをつかんで引いたり、ギャフを打ったりロープを引いたりするときは、厚手のしっかりしたグローブが必要。こちらはあれば楽というレベルの問題ではなく、ないと危険だから絶対に用意しておかないといけない。専用のものもあるが、かなり高価。それよりも、ホームセンターなどで売ってる厚手の牛革製グローブのなかに適当なものがある。たいてい500円以内で買えるので、これをまとめ買いしておいて使い捨てにするのがよい。

プライヤーは魚の口からフックを外すために必要。トローリングで釣れる魚の大きさとフックサイズを考えれば、普通の釣り用の小さなプライヤーは役に立たないことがわかると思う。使いやすいのは先曲がりのラジオペンチで、ステンレス製のものが釣具店で普通に売ってるから、それを買っておけばよい。著者はなぜかプライヤーをあまりにもよく紛失するので、100円ショップで同様のものを一度に5丁くらい買ってきて、使い捨てに近い使い方をしている。これはすぐに錆びるのが難点だが、値段が値段だけに仕方ないと思う。

釣れた魚を締めるときは、小型のバットで頭をぶっ叩く。著者もアメリカから通販で取り寄せた小型バットをボートに載せているが、実はあまり使う機会がない。大きなシイラが釣れたときに、暴れまくって困るのでバットでブッ叩いて締めようと思ったら、空振りばかりで三振の山ができてしまうほど。カジキの頭を何発ブッ叩いても締まらず、カジキより先にこちらがくたびれ果てて弱ってしまう始末。結局バットはボートの飾りになり果てている。

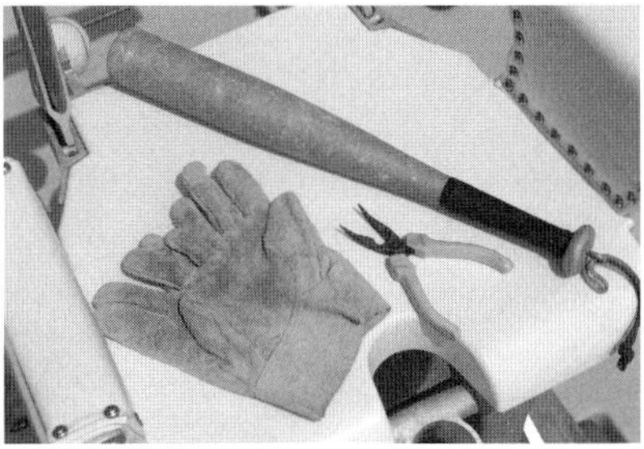

ランディングに必要な小物。左からグローブ、プライヤー、魚を締めるためのバット

これは著者の使い方も悪いのだろうが、船上ではそうそういつも思いどおりに事は運ばない、そのよい見本ではなかろうか。そういうわけで、著者のバットは実用品としてではなく、教訓を思い出すためのシンボルとしてボートから降ろすことなく搭載され続けている。まあ、いつかそのうち役に立つこともあるんじゃないかと、心ひそかに思い続けているのも事実だが……。

How to find & catch fishes

魚の探し方と釣り方

タックルのセッティング

普通のルアー釣りでは、ルアーのアクションが一番よくなるスピードでリールを巻くことがとても重要。このことはトローリングでも変わりがない。違っているのは、リールを巻くのではなくボートを走らせること。トローリングは、一度にいくつかのルアーを曳くから、各ルアーの最適スピードが違っていては問題だが、そこはよくしたもので普通のトローリング用ルアーはたいてい船速6〜9ノットの範囲内でよいアクションをするように作られている。それを外れたルアーは特殊な目的のものと思ったほうがよい。

本格的に釣りを開始する前に、まず港の近くの穏やかな海上で、各ボートに合わせて想定したルアーのスプレッド(spread)がうまく機能するかどうかを試してみよう。スプレッドとはトローリング時のルアーの配置のことだ。

船速は7ノット

船速を7ノットに合わせて直進。一番遠いルアーから順にセットしていく。ルアーを曳く距離は最短で普通は約15メートル、よ

トローリングのさまざまなスタイル

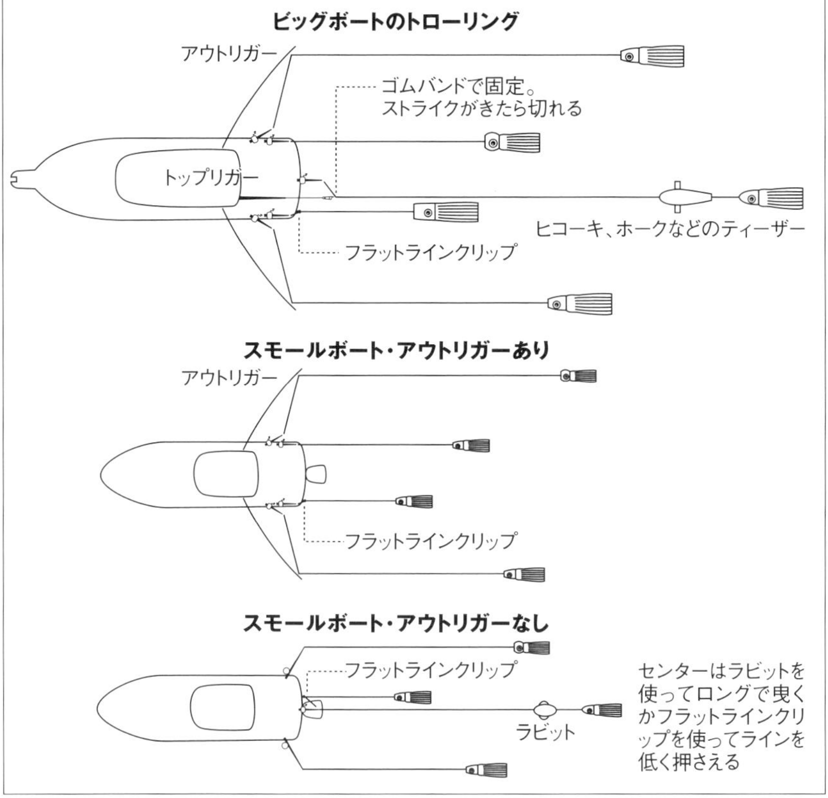

ほど短くても10メートル。最長は100メートルくらいまで伸ばすこともあるが、小型艇では40メートルくらいまでに抑えたほうが扱いやすいし、ルアーがよく見えるので楽しい。各ルアーを曳く距離に長短をつけて、間隔は5メートルから10メートル程度にセットする。最短15メートルで4本曳きなら、これで最長40メートル以内におさまる計算。ボートの大きさやアウトリガーの長さに合わせて調整するのは言うまでもない。

これでまずセットしてみて、左右にカーブを切ったときに長いラインがうまく短いラインのルアーを上を越えて絡まなければオーケー。ただし、波が高いときなどはそうはうまくいかない。大きなボートのアウトリガーやトップリガー(top rigger＝センターのポール)で

すべてのルアーがよいアクションをしてないといけない。よく目で見て確かめよう

高い位置から曳いてるルアーでも、大きな波の高低差でラインが手前のルアーにからまることがある。そんなときは曳くルアーを少なくするしかない。

船速7ノットで走ると書いたが、最も簡単で間違いない方法はGPSで確認すること。そのとき、潮流や風波の影響を考えて往復の船速の平均を取らないといけない。往復の平均値が7ノットになったときのエンジン回転数を覚えて、次からはその回転数で走り、GPSの船速を見て潮流に逆らってるか追われてるかを判断する。船外機艇や船内外機艇の場合は、トリム調整による船速の変化に注意しないといけない。後で書くように、トローリングでは一定の船速で真っ直ぐ走ることが魚を探す基本になるので、船速の確認はとても大事だ。

ルアーのアクションを確認

7ノットで走ってみて、ルアーがきれいにアクションしてるかどうかをまず確認する。水面でポンポン飛び跳ねてないか、潜ったきりになってないかをチェック。よいアクションのルアーは数秒置きに水面に出て

ラインの高さに差をつける理由

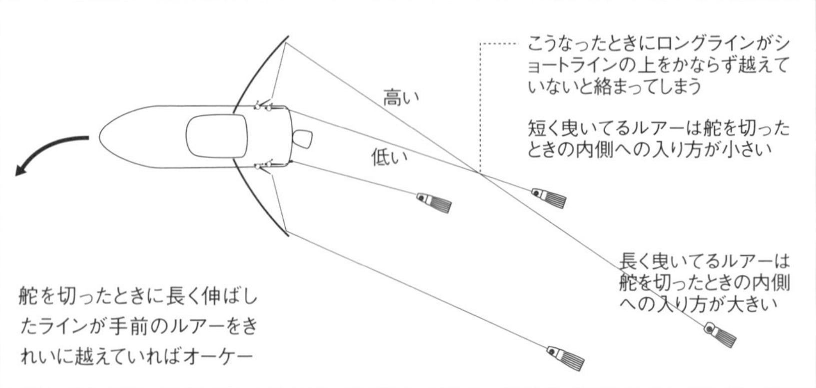
高い
低い
こうなったときにロングラインがショートラインの上をかならず越えていないと絡まってしまう
短く曳いてるルアーは舵を切ったときの内側への入り方が小さい
長く曳いてるルアーは舵を切ったときの内側への入り方が大きい
舵を切ったときに長く伸ばしたラインが手前のルアーをきれいに越えていればオーケー

きてスプラッシュを上げ、また潜っていくという安定した動きを繰り返す。各ルアーがそれぞれのポジションと距離で、ちゃんと動いていないといけない。水面で飛び跳ね過ぎるときは、ラインを伸ばしてやるか、ラインの角度を低くすればある程度アクションを抑えることができるが、ポジションによりそれにも限度がある。逆に、動かなさ過ぎるルアーは使っていて釣れる気がしない。

トローリングで魚が釣れないときに、ルアーがよくないのではないかと疑いだしたら、それを確かめる方法がなくて泥沼にはまるので、このあたりは最初にしっかりやっておきたい。まずは魚が釣れると定評のあるルアーを手に入れること。それを自分で使ってみて、間違いないスプレッドを組むこと。一度できたら、後は同じ速度でボートを走らせてる限り、ルアーは間違いなく釣れるアクションをしてるはずだから、釣れないのは魚がいないに違いない。そう思い込めるくらい自信のあるスプレッドと船速の組み合わせを確立していただきたい。

リールのドラグ調整

リールのドラグ調整は、最大ドラグ値をラインのポンド数の3分の1から5分の1にドラグゲージを使って合わせ、ストライクを待つ間は少し緩めておく。そのままでは魚が掛かったときに緩過ぎてまったく巻けないので、ストライクが来て走った魚が止まってファイトに入ったら、所定のドラグ値に合わせ直さないといけない。レバードラグはこの所定のドラグ値に戻したり緩めたりの操作が圧倒的にやりやすい。

最初にドラグを緩くしておくのは、ラインのショック切れを防ぐのと、ストライクのときに派手にクリックが鳴ったほうが楽しいから。特に口が弱いカツオ類をメインにねらうときは、ストライクを待つ間のドラグ値を弱くしておかないといけない。これだけでもランディング率はかなりかわってくる。

レバードラグ以外のスタードラグリールやスピニングリールは、瞬間のドラグの滑り出しがレバードラグほどスムースでないことが多いので、ストライクを待つ間のドラグ調整をさらに弱くしておいたほうがよい。30ポンド以下のライトタックルのときは、手でラインを軽く引けば出るくらいが適当だ。

問題は、慣れないアングラーにファイトさせるときに、ドラグをどれくらい締めてと口で言っても伝わるものではないこと。普通はだれかが手助けしてドラグを調整することになるが、レバードラグなら「いっぱい前までレバーを動かして」とか、「少し戻して」とか言えばだいたいは伝わる。レバーにクリック装置が付いていて、動かすとカチカチ音がするリールなら、「クリック何回分戻して」というような表現も可能。これで間違いが起こる確率は大幅に少なくなるし、少し慣れればアドバイスしなくても自分で操作できるようになる。

それと忘れてはいけないのが、ストライクを待つときはラチェット装備をかならずオンにしておくこと。これを忘れて失敗することがよくある。特にトローリングに慣れない間や、ルアーをセットするのをだれかに任せたときに起こりがち。ラチェットがオフのままだとストライクが来ても音がしないから、だれも気づかず対応が遅れてしまって、ひどいときは気がついたらラインが100メートル以上も出てた、なんてことになる。くれぐれもご注意を……。

出航前の情報収集

タックルの準備とスプレッドが一通り完成したら、いよいよ魚を探しに出かけよう。まず最初にやらないといけないのは、足の速い回遊魚の群れが、今どのあたりにいるかという情報を集めること。トローリングは釣ってる間中ボートで走り続けるわけだから、大ざっぱに計算すると7ノット(時速約13キロ)×8時間で約1日に100キロ前後の距離を探査できることになる。これは、ほかの釣りにはない桁外れの探査能力だ。漁師が曳き縄でカツオやマグロを釣るのも、この能力があればこそなのだが、最初に走る方向が東か西か、北か南かを外してしまうと、魚がいないものは見つけようがない。なんの生命感もない海域を延々1日走り回って、帰港したら他船は大漁だったなんてことになる。

情報の利用の仕方

最初に走る方向さえ間違えなければ、トローリングの探査能力を持ってすれば、初心者でも魚を見つけることは難しくない。その最初にどちらへ行くかの情報は、常時だれかが釣りに出てる港やマリーナであれば、「昨日は南沖10マイル付近で釣れた」「ここ何日か東沖がいいね。近くで釣れてるよ」などと教えてもらうことができる。

また、人工衛星の赤外線写真からデータ処理した潮流情報をインターネットなどで簡単に手に入れることも可能。これらを重ね合わせて、今海でなにが起こってるかを考え、どっちの方向に行けば魚と出合える確率が高いかの判断をする。トローリングで

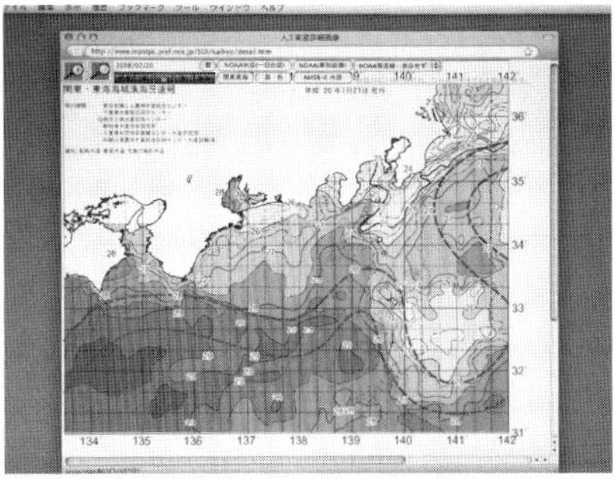

インターネットホームページの水温データ

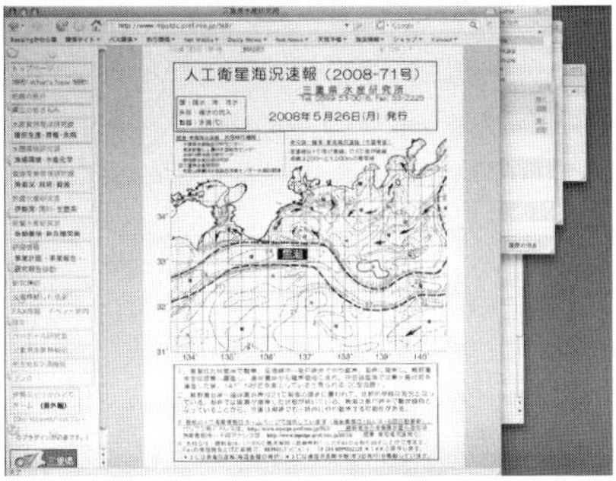

潮流データも数日の後れで見ることができる

魚を釣るには情報収集が欠かせず、釣りの技量のうちに占める情報収集能力の割合は、ほかの釣りの比ではない。このことは出港前の情報収集においても、釣りをしてる最中の情報交換やデータ収集においても同様である。

次に問題になるのは、ねらってる魚が水温の高いところで釣れるのか、その近くのやや低めのところがよいのか、主に潮目を探すのか、トリヤマやナブラを探すのかということだが、これは魚種や季節によってさまざまに変わってくる。魚の探し方の手順としては、まず潮流や水温のデータを元に大ざっぱに探査し、釣れそうな海域に近づいたら、そこから先はもっと細かい潮目やトリヤマ、ナブラなどを探すことになる。時と場合よってはそういう目印に期待せず、ひたすら水温や潮目を頼りに魚を探し続けることもある。このあたりのことについては、各魚種の釣り方のページで個別に解説したい。

データ整理の重要性

釣りから帰ったら、実際の海はどうだったかを事前のデータとつき合わせて、魚がどこにいたか、いなかった海域はどんな潮だったかを復習することもとても大切。ベテラン漁師でも、そういうデータを大学ノートに克明に記録してるくらいだから、素人の我々がやらない手はない。手始めに、魚が釣れた場所、潮目やナブラ、トリヤマの位置、そのときの水温などを簡単でいいからメモしておこう。これが後々とても役立つデータになる。

そのために必要なのがGPSと水温計だ。トローリングをやってみようというときに水温計付きのGPS魚探がないのであれば、専用タックルやアウトリガーよりも先に装備することをお勧めしたい。現在のトローリングでは、GPS魚探がそれほど重要なアイテムになっていることをお忘れなく。

著者は釣りをしてる最中に起こったことを細かくメモして、それをパソコンのデータベースに入力、保存している。内容は時刻とボートの位置、水温、起こったこと(水温が変わった、潮目、トリヤマ、ナブラなどがあった、船の向きを変えたなど)、魚が釣れたときは魚種と大きさ、ルアーの種類とポジションも記録する。記録が多いときは、1日でB5のレポート用紙半分ほどになるが、このメモを整理してデータベースに入力しておく。

データベースの利用

データベースの利用の仕方の一例をあげると、著者が釣りをする海域でカジキが釣れ始めるのは黒潮の水温がおよそ23度前後になってからで、今までに釣った最低水温は2007年6月9日の22.6度。ストライクがあった最低水温は2001年6月17日の22.3度、最高水温は2007年8月15日の28.5度。ストライクがもっとも多い水温は26～27度台。ストライクが多いルアーのポジションは遠くから近くの順で、その比率はおよそ4:3:2:1だが、ランディング率は近いルアーのほうがストライクが少ない割に高くなる。シーズン早期ほど遠くのルアーにストライクが多く、8月以降は近いルアーへのストライクが目立って増える。

データベースをうまく使えば、このようなことがたちどころにわかる。もちろんカジキ以外の魚種についても同様。魚が釣れたときにどんな潮だったかのネットの潮流データなども保存できる。出漁日数が多ければ多いほど、魚をたくさん釣れば釣るほどデータベースは強力なものになるから、広い海域を対象にするトローリングで大変有効な武器になることは言うまでもない。後は、やるかやらないかだ。小さなボートではメモが取りにくいなどの問題もあるが、手帳を利用するなどして重要なことだけメモしておくなど、自分なりの方法を考えていただきたい。

(上)著者が釣りをしたときのメモ
(下)メモの内容をパソコンに移したデータベース

なにを目標に魚を探すか

トリヤマ

ナブラ

流木

潮目

さて、最初に走る方向を決めて釣りに出て、魚の群れがいるであろう海域に近づいた。そこでまずなにを探すか。とにかく目星をつけた方向に真っ直ぐ走り、水温の変化を観察する。どこかで急に上昇するところがあれば、沖の暖かい潮に近付いてる確率が高い。その水温が変化する近辺をしばらく走ってみて、魚の群れがいないかどうかチェック。いなければ、さらに変化するところを探す。

トリヤマ、ナブラなどの釣り方

そういうことを繰り返すうちに、強い潮目やナブラ、トリヤマが見つかって、ストライクが来てクリックがジーッと鳴る。1尾でも釣れたら、その近くを走って、次なる魚の群れを探す。普通は潮目沿いに走ることになる。走って行くうちに、もっとよい潮目に行き当たるかもしれない。大きな流木があるかもしれない。魚が大騒ぎしてるナブラが見つかるかもしれない。とに

ナブラの釣り方

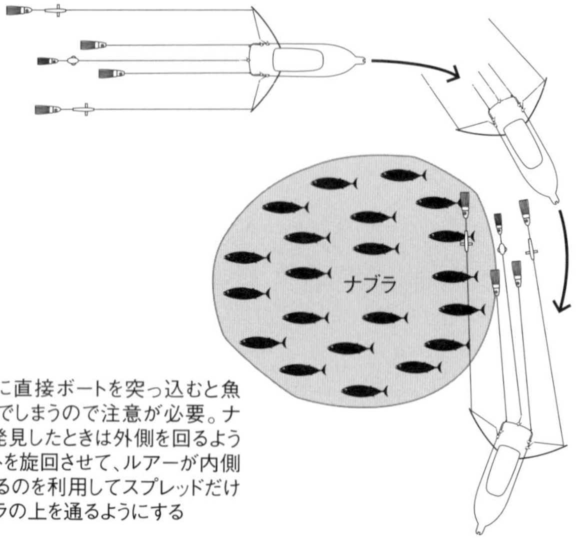

ナブラに直接ボートを突っ込むと魚が沈んでしまうので注意が必要。ナブラを発見したときは外側を回るようにボートを旋回させて、ルアーが内側に振れるのを利用してスプレッドだけがナブラの上を通るようにする

潮目のチェックの仕方

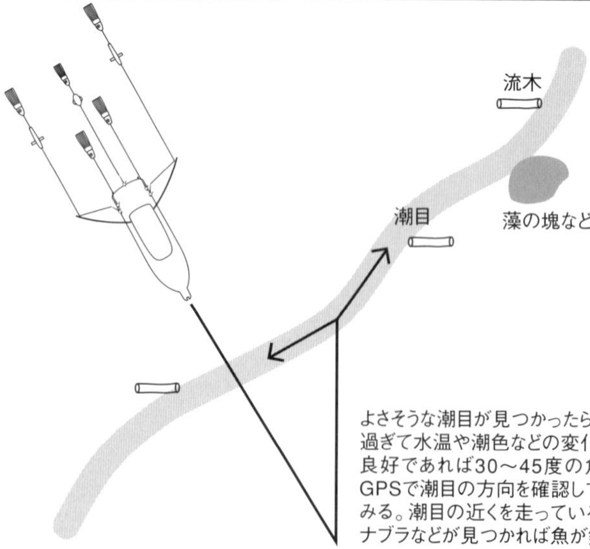

よさそうな潮目が見つかったら、まず0.5マイルほど行き過ぎて水温や潮色などの変化をチェックする。変化が良好であれば30〜45度の角度を付けて折り返し、GPSで潮目の方向を確認してから潮目沿いに走ってみる。潮目の近くを走っているうちに流木や藻の塊、ナブラなどが見つかれば魚が釣れる確率が高い

かく走って走って魚を探そう。

トリヤマ、ナブラ、流木、浮き魚礁などは目に見える目標だから、とにかくそこを目指して近寄り、まともに突っ込まないで手前から緩やかに舵を切りながら、ルアーだけ近くを通すようにする。それですぐに釣れたらオーケー。釣れなくなるまで同じことを繰り返せばよい。このとき、ボートをまともに突っ込んでしまうと魚が沈んで釣れなくなってしまうことが多いので注意しよう。

潮目の釣り方

潮目が見つかったら、しばらく潮目沿いに走ってみて、両サイドの水温の変わり方をチェックする。水温が0.5度前後かそれ以上変わる潮目なら、探ってみる価値はある。どちらかのサイドに決めて、しばらく潮目沿いに走ってみて、ストライクがなければ反対側のサイドを走ってみる。潮目のすぐ近くを走ったほうがよいか、少し離し気味のほうがよいかは魚種によって変わってくるので、各魚種の釣り方のページで説明する。

平行して2本、3本の潮目ができていることもある。そのうちのどれがベストか、あるいは潮目と潮目の間がよいかは、よく観察して判断しないといけない。潮目が急にくっきりしたり、曲がったり、枝分かれしてるところは魚が釣れる確率が高い。基本的には潮目沿いに走りながら、そういうプラスアルファの要素を探していくうちに魚が見つかる。あるいはトリヤマやナブラ、流木などを発見して魚が釣れる。そんな感じだ。

目に見える潮目ならそれでよいが、水温や流速が変化するだけで目には見えにくい潮目もある。そんなときはどうするか。真っ直ぐ走ってるうちにそういう変化が出てきたら、0.5マイルほど行き過ぎてから、約30～45度の角度を付けて折り返し、同じ変化が出てくるところまで戻る。この二つの位置をつなげば潮目の方向がわかるから、その方向沿いに水温や潮流などをよく観察しながら走る。そのうち目に見える潮目が見つかるか、さらに強い変化が出てくる。黒潮のなかのカジキはこんな感じで潮流が変化してるところで釣れることが特に多く、キャプテンはGPS魚探とにらめっこを続けることになる。

ナブラやトリヤマがあるのに釣れないときは、時合いが違ってるのか、ルアーが合ってないのかなどと迷ってしまう。しばらく近くを走り回っているうちに、タイミングで食ってくることもあるから、すぐにあきらめるのは禁物。逆にいつまでたっても食わないこともあって、そうなると時間の無駄づかいになってしまう。このあたりの見切りは、経験がものをいう。

ルアーの使いこなし

もしルアーを替えてみるのであれば、カラーよりもサイズを優先して、それにカラー変化もプラスする感じで、いろいろ試してみよう。反応は魚種によって異なり、特にカツオ類はルアーのサイズを選ぶ傾向が強い。大きなルアーは食わないのに、小さくしたとたんに食ってくることがけっこうあるから、試してみる価値はある。

逆に大きなシイラは大きなルアーを選んでストライクしてくる傾向が強い。小さなルアーを曳いてる間は小さなシイラしか釣れなかったのに、カジキ釣りに切り替えたとたんに大きなシイラがカジキ用のルアーにストライクしてくることがよくある。

マグロやカジキ釣りになると、そもそもストライク自体がごく少ないので、いろんなルアーを比較検討するなんてことはなかなかできない。数少ないデータから、これは釣れると思い込んだルアーを釣れるまで使い続けるだけだ。このあたりはトローリングルアーの使いこなしのおもしろいところなので、大いに楽しんでいただきたい。

ストライクからランディングまで

魚が見つかってストライクが来たら、あわてず落ち着いて船速をゆっくり落とす。カツオなどをねらっているときは、すぐに船速を落とさないでしばらく様子を見ていると、次々と追い食いしてくることがかなりの確率である。船速が落ちて魚が走るのが止まったら、ここでやっとタックルを手に取りファイトを開始する。

トローリングリールのときはドラグをファイト位置まで締めてからタックルを手に取る。スタードラグリールやスピニングリールのときは、タックルを手に取ってから魚の走り方を見つつ、慎重にドラグを締めていく。後は普通にファイトすればよい。このときボートはアイドリングスピードで真っ直ぐ走らせておく。そうすれば、魚が掛かってないタックルをいちいち巻き上げなくても、ラインの方向に注意していればからむことはない。

大きな魚が掛かったときの対応

掛かった魚が大きくて、ボートがアイドリングスピードで進んでるだけでも巻けないときは、まず魚が掛かってないタックルをすべて回収し、それからボートを止めてファイトすることになる。30ポンドタックルで4〜5kg以上、50ポンドタックルで10キロクラス以上の魚が掛かったら、こういうファイトになる。魚が走ってる方向を確認しつつ、回収するタックルを落ち着いて処理しよう。魚が横走りしてラインが交差したときは、回収するタックルを移動してラインをかわしてから巻き上げるようにする。

スタンディングファイトのときはウエストジンバルが必要。あらかじめファイトするアングラーを決めて身に付けておくか、ストライクがきたらすぐに身に付けられるように準備しておくこと。長時間のファイトにはハーネスもあったほうが楽だが、まあそこまではめったに必要ない。ジギングタックルならウエストジンバルもハーネスも使わず、体一つでファイトしたほうが軽快で楽しい。

ランディング

魚が寄って来たら、ボートをアイドリングスピードにして真っ直ぐ走らせておき、スイベルがトップガイドに当たる寸前まで巻き寄せて、リーダーをつかんでランディングする。リーダーを普通につかんで簡単に引っ張って来られる大きさの魚なら、フッキング状態を確認してそのまま船上に放り上げればよいからなんの問題もないが、大きな魚は慎重にランディングしないといけない。

大きな魚のランディングはくれぐれも慎重に行わないといけない。事前に頭のなかで手順をよく整理しておくのと、実際のランディングではギャフなどを手に取りやすい位置に準備しておくことが大切

リーダーをつかんで手に巻くときに、すぐに離せる巻き方を考えなくてもできるように十分練習しておくこと。2回以上巻くのはとても危険だから、絶対にしないこと。たぐり寄せたリーダーは船外に出しておかないと、魚が暴れて離すときにとても危険。知らない人はカジキの角が危ないなどと想像だけで言うが、大物のランディングで本当に危ないのは、このリーダーを離したときに巻き込まれる事故だ。くれぐれも失敗のないように気をつけないといけない。それと、慣れない人が知ったかぶりして手を出すのは、とても危険だから絶対にやめたほうがよい。

魚が船べりまで近寄って来たら、ギャフ

船に上げられない大きな魚はロープでしばって曳いて帰るしかない。カジキなら曳っ張りながらでも船速12ノット程度で走行可能

を掛けて引き上げる。ギャフはいずれ必要になるから、できることなら早めに購入しておこう。でないと、大きな魚を上げるに上げられないのはとても危ないし、もし逃げられたら、これほど悔しいことはないからね。

大きな魚のランディング

魚が船に上げられる大きさなら、弱るのを待ってから引き上げればよい。必要なら複数のギャフを使って、数人がかりで引き上げる。船尾のゲートが開くようになっているボートは、この作業が大幅に楽。200キロクラスの大きなカジキでも、胸ビレの位置まで船に乗れば、後は想像するより楽に引きずり上げることができる。ゲートが開かないボートでも70〜80キロクラスまでなら2人がかりで船に上げることが可能。それ以上大きな魚は、ロープでしばって曳いて帰るしかない。

トローリングをやってる限り、何十キロ、何百キロもある魚が絶対に掛からないとは言えない。もしそんな大物が掛かったときにどうするか。準備と覚悟だけは十分に整えておいていただきたい。後は経験と要領の問題。経験の少ないうちにそんな大物が来たらアンラッキー。順番にサイズアップして、十分な経験を積んでから大物が来ればラッキー。それだけのことだ。

大物とのファイト

もし大きな魚が掛かって簡単に寄って来ないようなときは、慎重に時間をかけてファイトしないといけない。タックルのパワーだけで寄せて来られそうなら、なるべくボートでアシストせず、アングラーが自力でがんばって寄せるようにする。そのほうが失敗が少ないし、釣りとしてもおもしろいと思う。

操船は、魚に対してボートができるだけ風下に回るように、魚をボートの真横より前へ行かせないように、魚のヒキが強いときはボートを止め、ヒキが弱くなったらスローで前進させて、常に一定の力がラインにかかるようにする。魚がボートの後方に位置し、左右4時から8時方向よりも前へ行かせないのが理想。これなら魚が急に前へ走ってラインがたるみそうになったときでも、すぐにボートを前へ進めて対応できる。魚の走り方や波風の状態によって、そうは思うようにいかないかもしれないが、キャプテンはあらゆるテクニックを駆使して、アングラーが少しでもファイトしやすいように操船しないといけない。このあたりは、キャプテンの腕の見せどころだと思って頑張ろう。

(上)ポンピングでロッドを最も倒した位置
(下)最も起こした位置。これ以上起こすのはNG

ポンピング

アングラーは、ポンピングで魚を寄せる。ロッドを起こしながら魚を寄せ、次にロッドを前へ倒しながらリールを巻く。この繰り返しで魚を寄せて来るのがポンピングだ。ロッドの角度は前へ倒したときで水平から20度くらいまで、起こしたときは垂直より後ろへ行かないようにする。魚がボートの下にいるときは、ロッドを立て過ぎるとラインが船べりに当たるので気をつけないといけない。

まあ理屈ではそういうことだが、魚が大きいとロッドを倒しながらリールを巻こうと思ってもハンドルが簡単には動かない。特にナイロンラインを使っていると、リールから何百メートルも出たラインが伸びて、ゴムひもで魚を引っ張ってるような状態になる。ロッドを倒しながらリールを巻こうと思っても、ラインの伸びが戻るだけで巻くことができない。

そんなときは、ロッドを起こしてからしばらく待ってやる。ロッドの先を注意深く見ていると、ほんの1～2秒も待つ間にロッドの曲がりが緩むから、このときにロッドを倒せばリールを巻くことができる。つまり、伸びたラインが魚を引き寄せて縮むのを待ってから、ロッドを倒してリールを巻くわけだ。

ボートを使って大物を浮かせる方法

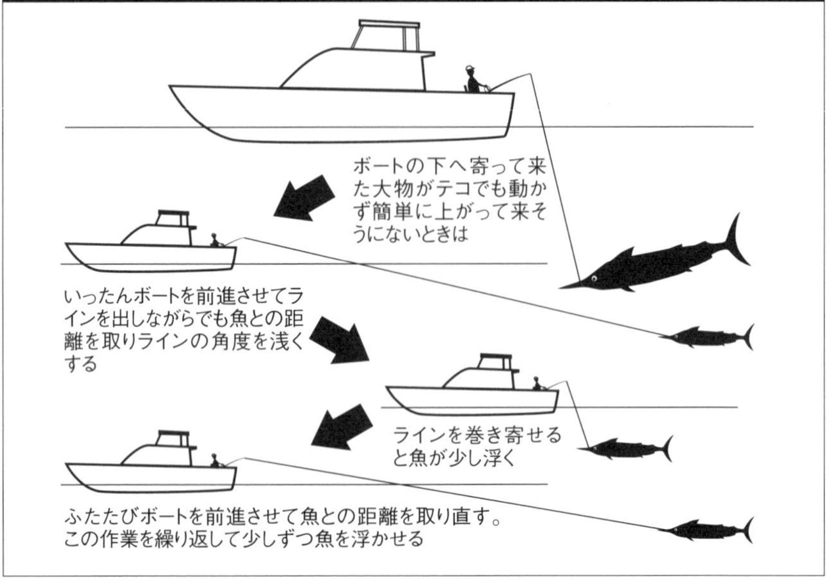

ボートによるアシスト

ラインを巻くことができず、どんどん出て行くばかりでなくなりそうになったり、あまりにも時間がかかりそうなときは、ボートでアシストしてやる。ボートをゆっくりバックさせながらラインを巻いていくのが一番普通の方法。それでなんとかかんとか巻いてきても、魚がボートの近くに来るとピタリと動かなくなる。魚がボートの気配に気づいて、頑張って動かなくなるのだ。

残り50〜100メートルまで寄せて来ると、そういうことが起こる。そこからまたラインを引き出されるか、がんばって寄せて来るかが勝負の分かれ目。たいていはラインを出されたり巻いたりを繰り返しながら、少しずつ寄って来る。魚が大きいと数時間のファイトになることもめずらしくないから、根気よく慎重に対応しないといけない。

時間をかけて寄せて来て、魚が浅いところをスーッと船べりに寄って来るようなら、弱り方を確認してからリーダーをつかみにかかる。このとき、ボートはスローで前進させておく。もし魚が深く潜ったまま寄って来たら、近くまで来てから先がテコでも動かない。そんなときはボートを前へ進めて、ラインを引き出されながらでもいったん距離を取り直す。そこからまた巻き寄せて来れば、魚は少し浮くから、この繰り返しでリーダーをつかめるところまで持って来る。

大物とのファイトとランディングは常に応用問題で、いかに失敗なく効率よくタックルのパワーを使って魚を寄せて取り込むか、という複雑な問題のベストな解を臨機応変に出していかないといけない。魚の大きさもヒキも暴れ方も一様ではないし、気象条件も時々刻々変化する。そこで要求されるのが、チーム全員のスキルの高さとチームワークだ。闘いに勝てばチーム全員のキャリアになる。トローリングがチームの釣りと言われる所以である。

魚を弱らせずにリリースする方法

釣れた魚をリリースするときは、なるべく手早くすませて弱らせないようにしよう。リーダーをつかんで持ち上げられる大きさの魚なら、リーダーのフックに近い部分をしっかりつかみ、ギャフのカギにフックを引っ掛けて、リーダーを張ったままギャフを上に持ち上げれば、フックの先が下を向いて魚の体重で外れる。

大きな魚をリリースするときは、カジキなら角をつかんでフックを外す。カツオ、マグロ類やシイラなどの大物を水から上げないでリリースするには、下顎をがっちりはさんでフックを外すための専用の道具が必要。それでも簡単な作業ではない。フックを外すのが無理ならリーダーをフックに近いところでカットするのだが、できればフックを外して逃がしてやりたい。

リリースにはシングルフックを

リーダーをカットしてリリースした場合、魚の口にフックが残るが、一定期間たてば自然に外れると言われている。それでもできることならダブルフックの使用は避けたい。タグ&リリースが前提の釣りでダブルフックを使うのは自己矛盾のような気がするのと、ダブルフックを外すのは非常に危険なので、著者はリリースの可能性があるときはシングルフックを使うようにしている。

一番困るのは、大きなシイラが釣れたときに、写真を撮ってから逃がしたいというリクエストが出ること。大きなシイラを元気なうちに写真撮影するのは、まず不可能と思ったほうがよい。10キロオーバーのシイラが船上で暴れたら、かなりの力自慢でも押さえることはできない。それを持ち上げて写

リーダーをつかんで抜き上げられる大きさの魚をリリースするときは、魚体に触れずにギャフをうまく使って手早くフックを外す

真を撮るのは、魚と大格闘して結局弱らせてしまう確率が高く、リリースの精神とは矛盾する。そう説明して納得してもらえればよいが、それでも記念撮影したいという気持ちもわからないではない。

著者はそんなときのために、巨大なランディングネットを用意している。魚をネットに入れたままフックを外し、手早く写真を撮って逃がす。そのときにも、やはりシングルフックが外しやすい。それでもなかなかうまくいかず、ネットを持ったアングラーは血まみれ、魚は弱ってしまって結局アイスボックスへ、となることもある。

タグの打ち方

魚にタグを打つ位置は、背中側の頭寄りで背ビレに近い部分がベスト。側線やエラブタの近く、腹側などに打つと弱りやすく、尾ビレに近いと外れやすいので注意すること。タギングスティックにタグをセットしたら、簡単に外れないようにゴムバンドで止めておこう。

リーダーをつかんで魚を引き寄せて来たら、背中が横向きに見えた瞬間に素早く打つ。それほど力を入れなくても、軽くポンと刺すだけでスティックのチップが刺さるから、刺さったらすぐに引き抜けばタグだけが残るという仕掛け。後はカードに必要事項を記録してタグの入手先に報告する。日本ではJGFAがタグの記録を管理している。なお、カジキ釣りでワールドワイドにタグの記録を管理している組織として、アメリカ・フロリダ州に本部を置くビルファウンデーション（the billfish foundation）がある。

タギングスティックにタグをセットしたら、簡単に外れないようにゴムバンドで止めておこう

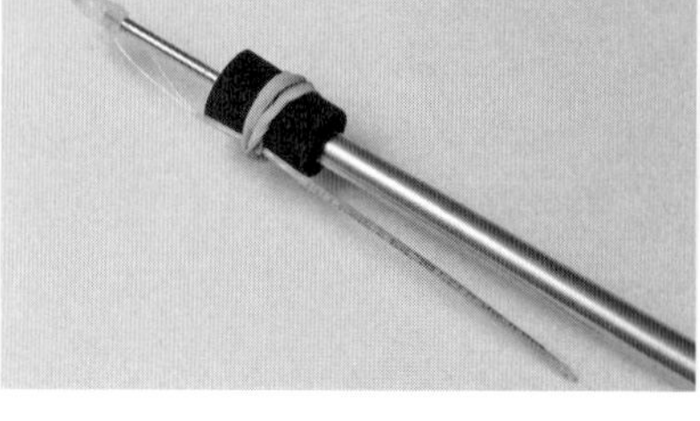

PART 2

Trolling methods for each kind of fish

魚種別の釣り方

トローリングの対象魚はどこにいるのか。
どんなルアーを使ってどんな釣り方をすればよいのか。
各魚種別の習性と釣り方を解説しよう。
カツオ／クロマグロ／メバチ／キハダ／ビンナガ／シイラ／クロカジキ／
シロカジキ／マカジキ／バショウカジキ／カマスサワラ／ブリ／サワラ

Bonito
カツオ

カツオ（サバ科）

外洋から沿岸の表層を大群で高速遊泳し、春に北上、秋に南下する季節回遊魚。激しい運動に適した特殊な血管構造を持ち、体温が周囲の海水温より3～10度も高い。普通50～80センチだが1メートル、10キロになる大物もいる

春の上りガツオ

目に青葉、山ホトトギスと三点セットで話題になることが多い初ガツオだが、紀伊半島以西のトローリングシーズンはそれよりもはるかに早く3月ごろに始まる。ただし、シーズンが始まっても釣れるかどうかは別問題で、早期は黒潮の遠近に大きく左右される。ボートで行ける範囲まで黒潮が近づいていないと、手も足も出ないんじゃなくて、ボートもルアーも出せないわけだ。

黒潮が遠いときは、漁船はがんばって遠くまで行って釣ってきてるのに、マイボートでは行けずに歯がゆい思いをすることになる。このときの遠い近いの感覚は、港から釣りをするエリアまで片道2時間程度、距離にして25マイル前後なら遠くはない。これくらいの距離で釣れてるときに漁師に聞けば、「近いよ!!」という返事が帰ってくる。

遠いときは著者のボートで3時間、40マイル近くまで沖へ出ることもあるが、天気予報がベタナギで絶対に間違いなさそうな日に限る。春先にこういうチャンスがくるのは、1週間に1日か2日あるかないか。荒れ続きで半月くらいチャンスがないときもあれば、3日も4日もナギ続きで行こうと思えば毎日出漁できることもある。

漁船はもっと遠く、4時間前後からそれ以上、50マイル以上沖へ出ることも少なくない。足の速いプレジャーボートなら時間はもっと

カツオの回遊ルート

カツオの群れは春の水温が低い間は黒潮に乗って北上。水温が十分高くなると黒潮から分かれた潮に乗って沿岸にも姿を現し、一部は日本海にも入る。関東〜三陸沖で夏を越したカツオは、秋の初めごろから水温の高い黒潮を避けて沿岸沿いに南下する。これらの回遊群とは別に、南西諸島以南の南方海域では1年中カツオが釣れるところもある

短縮できるかもしれないが、安全上の問題もあり、現実的ではないと思う。3月のなかごろまでは荒れる日が多いし、黒潮が近いと言っても片道何時間もかかるので、休みの日が運よくベタナギに当たって釣りに出られたらラッキーくらいに思ったほうがよい。とにかく無理な出漁は絶対に禁物だ。

春の早い時期のカツオは、黒潮のなかか南北の縁伝いに北上しているが、水温が十分上昇してくると、黒潮を離れて枝分かれした潮に乗って沿岸近くに入って来るようになる。そのときの水温は、およそ20度以上。4月から5月ごろに沖から黒く澄んだ暖かい潮が入って来たときが、沿岸近くの港から数マイルのところで釣れるチャンスになる。

長く釣れ続くかどうかは、そのときの条件次第だ。潮の状態がよく、エサになるイワシなどの群れがいれば、カツオの群れが居着いて釣れ続くが、群れを引き留める要素がないときは、あっと言う間に釣れなくなってしまう。地形と潮流の関係で、こういう条件が揃いやすい海域がカツオの好漁場となる。

秋の戻りガツオ

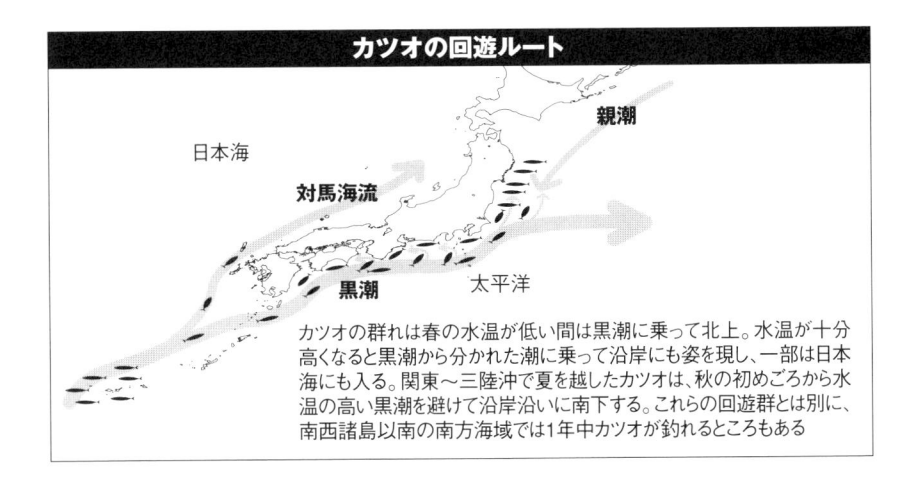

上りガツオの早い群れは6月ごろには三陸沖に達し、ここでエサをたらふく食って夏を越す。南下し始めるのは夏の終わりごろから。下りのガツオは黒潮の高水温を嫌い、沿岸

に近いところがルートになる。エサが多いところであちこち寄り道しながら順次南下して行く感じだ。この夏を越した帰り道のカツオを戻りガツオと言う。当然、南へ行くほど遅くまで釣れ続き、紀伊半島や四国沖では12月になっても釣れることがある。さらに南の沖縄以南の海域には1年中カツオがいる。つまり、すべてのカツオが春に北上するわけではないらしく、こうなると上りも戻りもない。

このようにカツオの行動は黒潮の流れに強く支配されるが、黒潮を直接ねらえる海域と枝分かれした潮をねらう海域では、シーズンや釣れるタイミングが大きく異なる。自分が釣りをする海域のシーズン的なことを理解するには、魚が釣れたときの潮流データをかならずチェックすること。そうすれば、今、海でなにが起こっているかをマクロな視点から分析することができるはずだ。

秋の戻りガツオは脂がたっぷり!

幸いなことに、今や潮流データをほぼリアルタイムに入手できる時代である。魚が釣れたときのデータを積み重ねていくことで、こうなったら釣れる、こんな潮のときはここをねらえば釣れる確率が高いということが理解できるようになる。カツオはそんな勉強をするのにうってつけのターゲットだから、がんばって釣りに行ってデータを集めよう。それがいつかはマグロやカジキ釣りの役に立つはずだ。

ルアーとスプレッド

トローリングで釣れるカツオのサイズは40〜50センチ、1キロ前後から大きいのは70〜80センチ、5〜6キロと幅広い。もっと大きいのもいて、最大10キロ以上になる。著者は9.5キロのカツオを釣ったことがあるが、すぐ近くに寄って来るまでキハダかなにかだと思っていた。

こんなに大きなカツオはめったに釣れないが、5〜6キロまではそこそこチャンスがあるので、このサイズがいつきても大丈夫なように備えたい。曳き縄釣りの漁船なら、カツオが小さいときは10本前後曳いてるルアーをすべて小さくすることもあるが、アマチュアの釣りは数は獲れなくても常時大物に備えるのが本道だと思う。それ以上の大型はカツオ釣りの延長線上でマグロねらいと兼ねればよい。詳しくはマグロの釣り方のページで解説する。

カツオ釣りのときのスプレッドは、左右ショートのフラットラインに直径10ミリ前後の小型コナヘッド、スカートサイズ3、または3.5号。センターミドルはラビットか小型ヒコーキにセットした直径7〜8ミリのバレット、スカートサイズ2.5、または3号。両アウトリガーはヒコーキにセットした直径10〜12ミリバレット、スカートサイズ4〜5号。これで1キロサイズのカツオから小型マグロまで、ほぼカバーすることができる。

2005年4月17日に潮岬沖でキャッチした9.5キロのカツオ

センターとアウトリガーにラビットかヒコーキを使うのは、魚を寄せるのと同時に、小さなルアーが波や風の影響で左右に振られるのを防ぐため。フラットラインに小型コナヘッドを使うのも同じ理由で、同サイズのバレットにくらべて抵抗が大きいことから

カツオ用のスプレッド

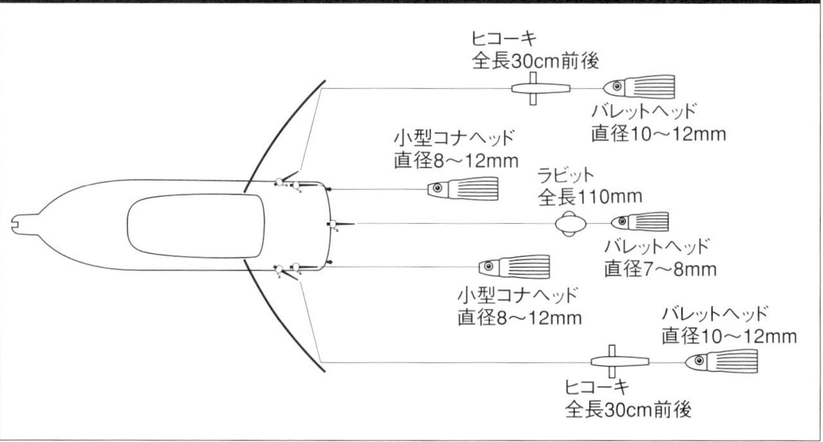

カツオ用ルアーの例

上からペンショート、ペンカットS、ペンカット、ペンロング、白蝶貝とアワビ製バレットヘッド、白蝶貝バレットヘッド、コナヘッド20ミリ、金属製バレットヘッド

安定させやすく、アクションを確認しやすいという利点もある。

この小型コナヘッドを日本では手に入れにくかったが、ネットショップの「ビッグゲームルアーズ」がCルアーというブランドのペンカットとペンカットSを発売してから、著者はもっぱらこれを愛用している。ヘッドのカラーはホログラムパールをメインにパウワシェル、メキシコアワビなど。スカートのカラーは白にピンクストライプ、パープル、ブラウン、ラメ入りブルー、グリーンなど。ダブルスカートの内側は同系色とピンク、またはレッドのコンビネーション。

センターのバレットは白蝶貝かアワビのシェルヘッド、Cルアーのペンショート・ホログラムパール、または青／赤／パールなど。スカートのカラーは白にピンクストライプ、クリア、ラメ入りのブルー、グリーンなど。アウトリガーのバレットは白蝶貝かアワビのシェルヘッドでスカートのカラーは白にピンクストライプ、白に背中が茶、または緑など。秋の戻りガツオのシーズンは大きく育ったイワシを食ってることが多いので、それに合わせてアウトリガーのルアーも大きくする。著者はシェルヘッドかCルアーのペンロングを使うことが多い。ヘッドとスカートのカラーはセンターに準じる。

問題は、上りガツオのシーズン後半、10〜20ミリの小型カタクチイワシが多くなって、カツオのナブラが見えているのに、ルアーにはなかなか食ってこないようなとき。このときばかりは小さなルアーが効果的で、センターの小型バレットにばかりストライクしてきたりする。ほかのルアーも小さいのに替えるか、意地でもそのまま釣り続けるか、考えどころだ。

とまあ、こんな具合だが、ここで書いたのはあくまで著者が使っているルアーの例であり、ほかにもよく釣れるルアーがあると思う。みなさんもよさそうなのがあればどんどん試して、よいルアーを見つけていただきたい。

探し方と釣り方

春の上りガツオは、水温がおよそ19度台で釣れ始め、20度を越えるようになるといよいよ本番。23度前後まで上昇するころには1キロ前後の小型が多くなり、24度台で終盤を迎える。秋の戻りガツオが釣れる水温は上りガツオのシーズンよりも高く、25〜26度から始まって普通は20度台まで。高いときは27度台で釣れることもあるが、概してこういうときに釣れるカツオはサイズが小さい。

このようにカツオはシーズンが長く、追っているエサも時と場所によってさまざまなので、魚の探し方も臨機応変で変えていく必要がある。カツオの群れを探す目安は、主に潮目の水温変化やトリヤマ、ナブラなど。

エサが多い高水温期はトリヤマやナブラを探し、春の早い時期と秋の終わりから初冬にかけては潮目を中心に水温変化をチェックする。後はその場の判断と応用になる。

カツオは口が弱く、ハリ外れのバラシが特に多いので、ストライクを待っている間のドラグ設定を思い切り弱くしておく必要がある。ラインを手で軽く引けば出るくらいにしておこう。ラビットやヒコーキを使っているときにドラグを弱くしていると、波の抵抗でラインが出てしまうことがある。そんなときは出ないぎりぎりの強さにしておこう。フックはバラシを防ぐために、二股になったダブルフックを使うのがよい。ただし、これはIGFAルール違反なので注意すること。

ストライクが来てクリックが鳴ったら、ボートをすぐにアイドリングスピードにせず、徐々にゆっくりと減速していく。その間に次々と追い食いしてくることが多くて、ダブル、トリプルはごく普通。群れが大きいときは全部のルアーに掛かることさえある。一度に何尾も掛かったときは、近いタックルから順に巻き寄せてランディングする。ボートをスローでまっすぐ走らせながら、ラインの方向に気をつけていれば、これでめったにラインが絡むことはない。

カツオを寄せてきたら、2〜3キロサイズまでならリーダーをつかんで素早く抜き上げる。ダブルフックなら船べりまで来たカツオが抜き上げ時にバレることはめったにないから、へたにギャフやネットを使うよりも確実だ。抜き上げたカツオは手早くフックを外してアイスボックスに放り込み、なるべく早くタックルをセットし直してボートのスピードを上げれば、すぐまたストライクが来ることがある。抜き上げたカツオをつかむときは、背中側をつかんでお腹を上に向ければ暴れるのがピタリと止まって、楽にフックを外すことができる。

ヒコーキと潜行板

ラビットやヒコーキを使う目的は先に書いたとおりだが、漁船は水面を曳くルアーのほとんどすべてに集魚装置をセットしている。ルアーと集魚装置をたくさん使うことで、全体として小魚のナブラを起こしていることになり、強力な集魚効果を得ることができるという仕掛けだ。トローリングでもそれに近いことはできるが、ルアーの数が圧倒的に少ないので、なにか刺激がないとカツオが食ってこないときには、どうしても釣り負けする。

潜行板の効果

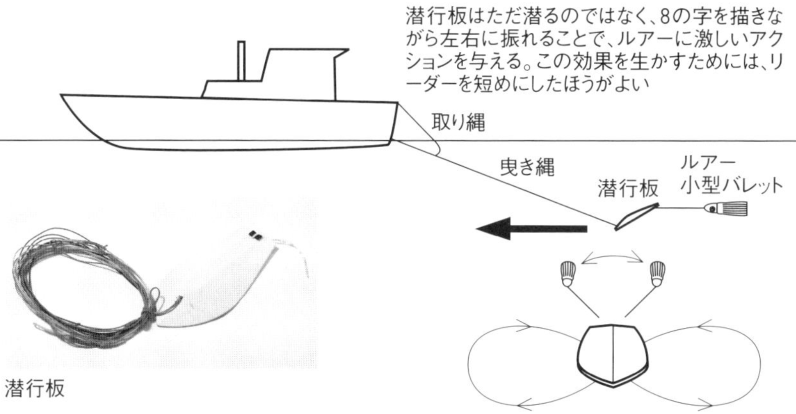

潜行板はただ潜るのではなく、8の字を描きながら左右に振れることで、ルアーに激しいアクションを与える。この効果を生かすためには、リーダーを短めにしたほうがよい

潜行板

曳き縄釣りにくらべて、トローリングが不利な点の一つだ。

それともう一つ、曳き縄釣りの漁師がこだわる道具に潜行板がある。長さ約30センチ、幅約15センチの船型の板で、木製とプラスチック製がある。この前端近くに船からの縄をセットし、後端からリーダーを出す。潜行板の名のとおり、水圧を受けて水中に潜るわけだが、ただ潜るだけでなく左右に首振り運動をして、ルアーに激しく複雑な動きを加えて魚を誘う。この動きを殺さないように小さなルアーを使い、リーダーも1メートル以内に短くする。魚が掛かると自動的にひっくり返って水面に浮くので、取り込みは魚の抵抗だけで楽にできる。もしノーベル賞に釣り具部門があったら受賞間違いなしの優れた漁具だが、抵抗が大きいのでロッドとリールを使って曳くことはできない。

このように曳き縄釣りの漁船はありとあらゆる手段とたくさんのルアーを使って漁獲効率を最大限アップしている。ルアーをたくさん使うことから、当たりルアーを見つける確率も高い。カツオは、トローリングの対象魚のなかではもっともルアーを選ぶ魚の一つなので、このことはとても大きい。そんな曳き縄釣りの漁師でも、「今日は魚が見えてるのに食わない」と言うくらいむずかしい日があることには留意する必要がある。特にカツオ釣りでは、ルアーを替えてみたり、ボートからルアーまでの距離を伸ばしてみたり縮めてみたりの努力は無駄ではないと思う。

Tuna
マグロ類

クロマグロ(サバ科)
若魚はメジ、ヨコワなどと呼ばれる。日本で釣れるクロマグロの産卵海域は台湾東方沖で、若魚は日本近海で成長した後、秋から冬に沿岸を南下。成魚の一部は太平洋を横断して北米沖に達し再び西太平洋に戻る大回遊をする。大きいものは3メートル、400キロオーバーになる

マグロの種類と回遊ルート

日本の周辺で釣れるマグロ類はクロマグロ、メバチ、キハダ、ビンナガの4種。そのうちクロマグロとメバチの成魚は沿岸から近い海域には数がごく少なく、トローリングの対象魚とするのは現実的ではない。クロマグロは数キロまでの小型なら釣れるが、5〜10キロを超えるサイズになると、どこへ行ったのかと思ってしまうほど少なくなる。メバチは幼魚でさえ、めったに釣れない。これは本当は釣れないのではなく、クロマグロの幼魚に混じって釣れているのに姿がよく似ているから気がつかないだけかもしれない。

メバチ(サバ科)
目が大きいことからメバチ、転じてバチ、体がずんぐりしていることからダルマなどと呼ばれる。マグロ類のなかでは泳層が広範囲にわたり、表層から水深200メートルを越えることもある。80〜200センチ

そのようなわけで、トローリングで釣れるマグロ類はクロマグロの小型のものとキハ

キハダ(サバ科)
ヒレの先が黄色く、体側にも黄色い縦帯があることから黄肌、中小型のものはキメジと呼ばれる。マグロ類のなかではもっとも高水温を好み南方海域に多い。若魚はカツオに混じって回遊することもある。浮遊物に群れで付く習性があり、浮き魚礁などでよく釣れる。80〜200センチ

ビンナガ(サバ科)
胸ビレが極端に長いことからビンナガ、ビンチョウ、トンボなどと呼ばれる。マグロ類のなかでは小型で、普通120センチ、30キロ台まで。日本沿岸でよく釣れるサイズは10〜20キロ台が多い。大型になると太平洋を東西に渡る大回遊をするものもある

ダの数十キロ、ビンナガも20〜30キロ台までなら可能性がある。回遊ルートはカツオに準じ、クロマグロ、ビンナガ、キハダの順に低水温を好むので、その分シーズンがずれる。クロマグロは日本海にも入る。

キハダ

キハダの成魚サイズ、10キロ以上は沖縄周辺の浮き魚礁まわりならそこそこの確率があるが、それ以外で専門にねらっても成功することはごく少ない。カツオやビンナガ釣りのついでに当たればラッキーという程度。そのため著者はカツオ釣りのときでもアウトリガーは常に大きめのルアーを使ってマグロに備えるようにしている。

カツオ釣りの帰りに黒潮の本流を外れて水温が19度前後に下がったところを根気よく走ってると、10キロを越えるキハダがポロッと釣れることがある。時期は海域によって前後すると思うが、紀伊半島の沖では4月後半から5月初めごろにそういうことがある。ほかの海域でもこれを参考に試してみていただきたい。

5キロ以下のクロマグロやキハダはカツオの群れに混じって回遊していることが多く、黒潮の分流に乗って沿岸近くに入ることがけっこうある。そのときの水温はおよそ19〜20度以上で、高水温になるほど釣れるサイズは小さい。これくらいのサイズなら釣り方やルアーをカツオ用に替えることなく釣ることができるので、分けて考える必

マグロ類の回遊ルート

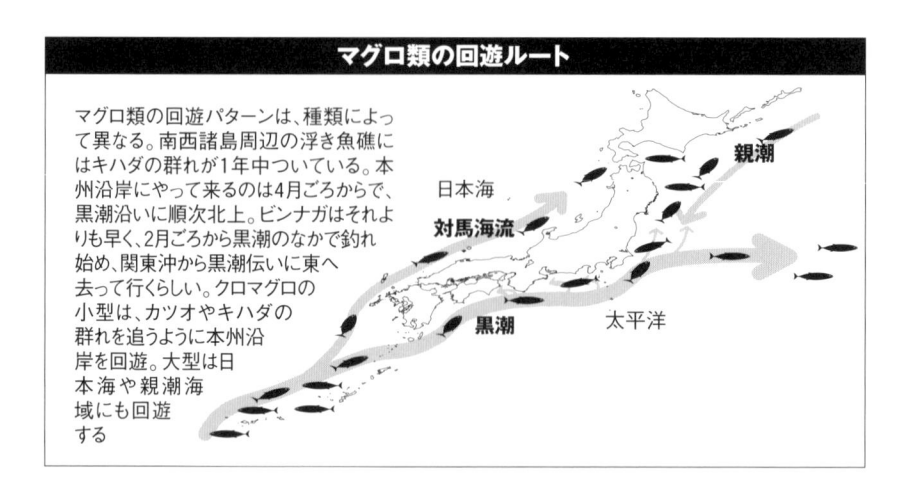

マグロ類の回遊パターンは、種類によって異なる。南西諸島周辺の浮き魚礁にはキハダの群れが1年中ついている。本州沿岸にやって来るのは4月ごろからで、黒潮沿いに順次北上。ビンナガはそれよりも早く、2月ごろから黒潮のなかで釣れ始め、関東沖から黒潮伝いに東へ去って行くらしい。クロマグロの小型は、カツオやキハダの群れを追うように本州沿岸を回遊。大型は日本海や親潮海域にも回遊する

要はない。魚の探し方もカツオに準じるが、水温がやや低めのところが中心になる。カツオを釣っていて、小型のクロマグロやキハダが多く混じるようなら、水温が低めのところまで探索範囲を拡げるのがよい。

ビンナガ

ビンナガはほかのマグロ類よりも早く、1月から2月になれば黒潮のなかで釣れ始める。水温は18度台後半から20度前後まで。19度台前半が一番確率が高く、3月になって水温が20度を越えると終盤を迎える。このころには10キロ以下の小型が多くなる。

早期から盛期のビンナガは南下して来た戻りのサンマの群れに付いていることが多く、サンマの回遊次第で12月に釣れることもある。1月、2月にトローリングに出漁するのは、だいたい黒潮のなかのビンナガねらいで、アベレージサイズ10キロオーバー、20キロ台も少なくない。これにカツオの良型が混じる。ただし、プレジャーボートで行けるかどうかは黒潮の位置次第。黒潮が遠いときはビンナガ釣りに行くチャンスなく終わるシーズンもある。

クロマグロ

著者がボートを置いている母港からほど近いところにある定置網に、50キロから100キロを越えるクロマグロが入ることがある。その話を聞いて釣りに行っても、まず当たりもかすりもしない。カツオ釣りの海域からは完全に外れているので、本気でねらおうと思えばカジキ以上にボウズ覚悟でルアーを曳き続けることになる。それでも釣れる確率は数百分の1とか数千分の1とか、そんなオーダーではなかろうか。著者は

宝くじに当たった人は知らないが、曳き縄釣りで大きなマグロを釣ったことのある漁師なら知ってるので、宝くじよりは高確率かもしれない。まあ、そんなものだ。

クロマグロは孤立した群れで回遊しているらしく、行動パターンもよくわからない。釣れたり網に掛かるのは、たいてい「なんでこんなところで」と思うような場所。曳き縄釣りの漁船が釣ってくるのは、ビンナガのシーズンからカツオ釣りの早期が多く、ロングで1本だけ曳いていた大きなルアーにドカーンと掛かってきたケースがほとんど。カツオが本格的に釣れるようになるとカツオ漁にかかり切りになってしまうので、大きなマグロが釣れたという話は聞かなくなる。

紀伊半島周辺で曳き縄釣りの漁船が100キロを越えるようなクロマグロを釣ってくれば、新聞に載って話題になるほど。漁師でもそれくらいの低確率だから、プレジャーボートのトローリングで釣るのは並大抵ではない。それでも釣りたいと思うのであれば、どうぞご自由にと言うしかない。

ルアーとスプレッド

ビンナガ釣りのシーズン中は、カツオ用のルアーをふた回りくらい大きくして、ビンナガ専門にねらう。左右のフラットラインは直径12〜14ミリのコナヘッド。センターミドルとアウトリガーは直径10〜14ミリのバレット。ヘッドとスカートのカラーはカツオ用に準じる。これくらいのサイズならカツオの2キロクラスでも十分に掛かってくる。

このとき注意しないといけないのは、ビンナガはカツオやほかのマグロ類にくらべて遊泳力が落ち、エサを食うのもへたなので、ルアーのアクションが激し過ぎると食いに来ても掛からなくなってしまうことだ。そのため、ラビットやヒコーキは使わないのが基本になる。ラインとリーダーの間に20〜30号のオモリを入れてルアーのアクションを抑える方法もある。このあたりは波の状態やルアーのアクションを見て判断すればよい。

ビンナガが終わってカツオのシーズンを迎えたら、ルアーをサイズダウンする。カツオ用のルアーにマグロが来ても、トローリングタックルなら時間さえかければ、よほど大物でない限りたいてい釣ることができる。マグロの確率が高そうなら、アウトリガーだけひと回り大きめのルアーを使えばよい。先に書いたように、カツオ釣りの帰り道にキハ

マグロ用のスプレッド

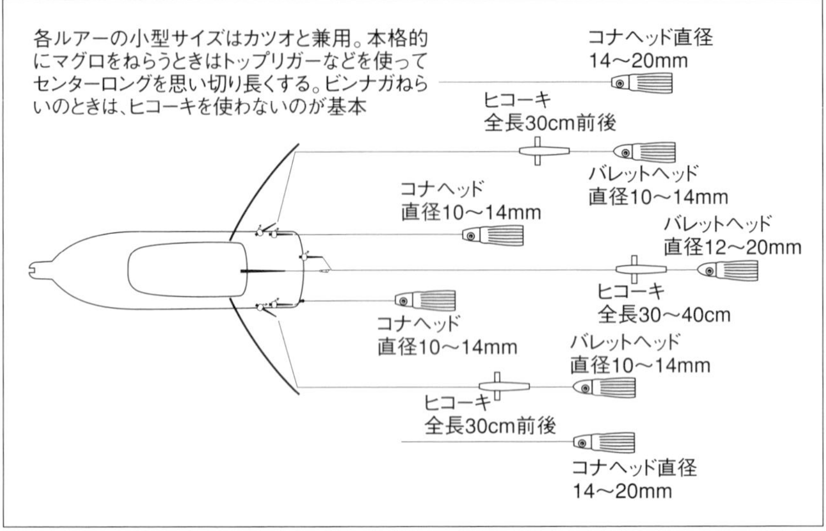

各ルアーの小型サイズはカツオと兼用。本格的にマグロをねらうときはトップリガーなどを使ってセンターロングを思い切り長くする。ビンナガねらいのときは、ヒコーキを使わないのが基本

ダをねらうようなときは、カツオのエリアを外れてからルアーを大きなものに取りかえる。このときのルアーのサイズやカラーはビンナガ釣りと同じ。違うのはヒコーキを使うことくらいだ。

著者はカツオ釣りのときでも特別の理由がない限り、アウトリガーは50ポンドタックルを使うようにしている。これでそのままマグロ釣りも兼ねようというわけ。タックルをいちいち交換するのは面倒だし、カツオの取り込みも早くて安心。過去にキハダの10キロ台、ビンナガの20キロ台、マカジキの40キロ台まではなんの問題もなくキャッチできている。それ以上の大物は掛けたことがないが、もし来てしまったら仕方がない。じっくり時間をかけて勝負するだけだ。

曳き縄釣りに学ぶ

カツオやシイラ、カジキなどと違って、マグロ類は普段の泳層が深く、クロマグロやメバチは水深数十メートルから100メートル以上が普通。そのため延縄釣りの仕掛けは、

マグロ用ルアーの例

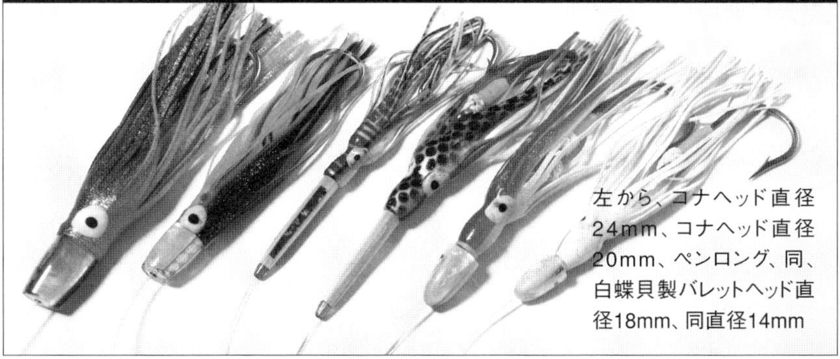

左から、コナヘッド直径24mm、コナヘッド直径20mm、ペンロング、同、白蝶貝製バレットヘッド直径18mm、同直径14mm

エサを200～300メートル以上の深さにぶら下げるようになっている。これほど深いところを泳いでるマグロが相手だから、トローリングで表層を曳いてるルアーにストライクしてくるのは、たまたまエサを追って上がって来たなど、なにか理由があるときだけで、マグロの生活時間のごく一部に限られる。

そこで曳き縄釣りの漁船は、マグロを表層へ誘い出すためにさまざまな工夫を凝らしている。バクダンやダボなどと呼ばれる大きな集魚装置を使って激しい水しぶきと音をたてるのも、そんな工夫の一つ。この集魚装置には前後に動いてルアーのアクションを変化させる効果もあって、神経質なマグロがこの動きにだまされて食いつく。特に大きなマグロほど賢く、目がよくて釣りにくいとされていて、曳き縄を100メートル以上伸ばしてルアーを船から離して釣ることもある。マグロねらいの曳き縄漁船の後ろには、うかつに回り込まないように注意が必要だ。

このような工夫をプレジャーボートのトローリングに取り込むにはむずかしい問題もあるが、グラスファイバー製のアウトリガーで大きめのヒコーキを使ってルアーのアクションを変化させるくらいなら簡単にできる。一口にマグロと言っても、種類によって釣れる季節や釣り方、ルアーが変わってくるので、的確にねらい分けていただきたい。

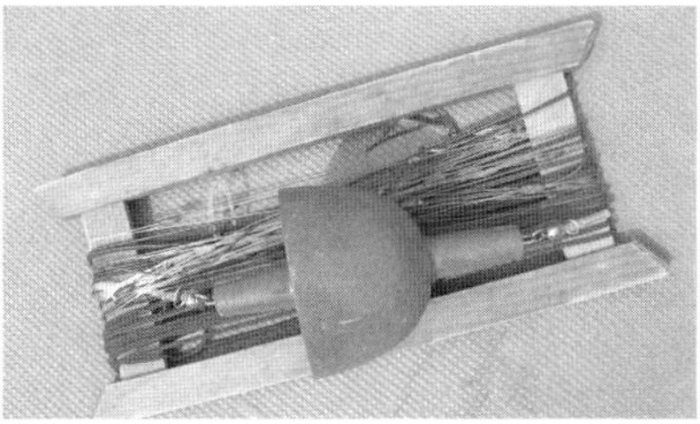

曳き縄漁船がマグロ釣りに使う集魚装置の一つ、バクダン。大きなものは直径30センチを越える

Dolphin
シイラ

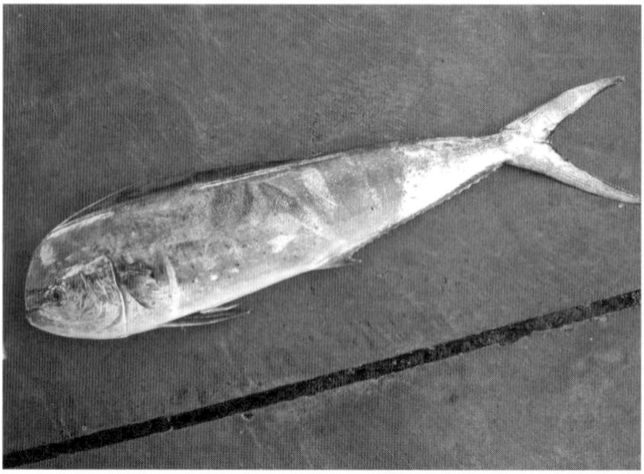

シイラ(シイラ科)
流れ藻や流木などについて春から夏に北上、秋に南下する季節回遊魚で、外洋から沿岸の表層を群れで遊泳。比較的高水温を好み、釣りの対象魚としては典型的な夏の魚とされる。稚魚は流れ藻について成長。雄は成熟すると額が突出し頭部が角張る。50〜150センチ

トローリングの好対象魚

シイラについては大いに弁護したい。ゲームフィッシングの対象魚として、これほどおもしろい相手は少ないのに、日本ではごく一部を除いてほとんど二束三文扱い。トローリングでもカツオやマグロ、カジキ釣りの外道として嫌われることが多い。

身が水っぽくて食味がよくないことが原因だが、これは日本人が好む刺身や塩焼き、煮付けなどには向かないだけの話で、ムニエルやフライなどにすればとても美味しい。外国では大変好まれ、シーフードレストランの高級食材の一つになっている。好シーズンになるとたくさんのボートが釣りに出てルアーにすれているから、ルアーのフックにトリップベイト(魚の切り身)を付けないと見切られてなかなか掛からないほどだ。

ルアーへの反応はまさに小さなカジキ。しつこくルアーを追い、激しくアタックしてくる。ボートが流木の近くなどを通過したときにルアーをよく見ていると、シイラが

シイラの回遊ルート

シイラは幅広い水温を好み、南の海ほど釣れるシーズンが長い。南方海域には1年中いて、水温が上昇するにつれて本州沿岸に大群で回遊、日本海にも多く入る。沿岸にやって来た群れは、エサを追って岸近くの浅場にも積極的に近づく。シイラの群れが到来するタイミングは、各地で春の流れ藻が多くなる時期に一致していることが多い

背中で波を切りながら追いかけてきてルアーに食いつく瞬間が見える。とてもエキサイティングで楽しめる瞬間だ。

ヒキの強さ、スピードも申し分なく、30ポンド以下のライトタックルで釣れば大変おもしろい。50ポンド以上のタックルではゴリゴリと巻くだけだが、ライトタックルに1メートルオーバーが掛かればボートを止めないと寄せることができないし、リールが逆転してラインを引き出されたり、また巻いたりのファイトが楽しめる。

数も多くて、1日に何十尾と釣れることがある。ところが、あまり釣れ過ぎるとおもしろくないと言われる。ほどほどに釣れて美味しければ評価が段違いになるはずだが、シイラはそのあたりの釣りの対象魚としてのバランスが悪いのだと思う。とにかく釣るだけなら、とてもおもしろいトローリングの対象魚であることは間違いない。

目で魚を探す

シイラはその習性から流木や流れ藻、くっきりとした潮目についていることが多い。トローリングではこれがおもしろくて、そういういかにも釣れそうなポイントの近くを「来るぞ、来るぞ」と思いながら走っていると、シイラがストライクしてきてクリ

シイラ用のスプレッド

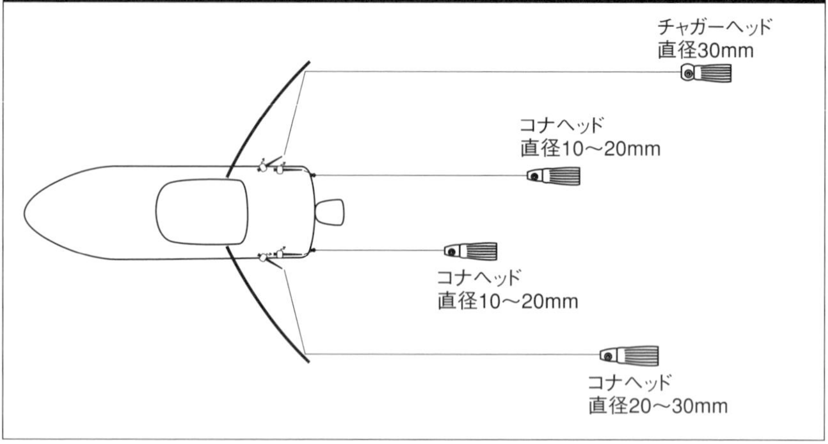

ックがジーッと鳴る。こちらの期待に応えて釣れてくれるところが、シイラ釣りのとてもおもしろいところであり、キャプテンとしては潮流や水温などと目視を総合してポイントを探す、とてもよい勉強になる。

春の水温が20度を越えるころになると、カツオの群れを追ってシイラが姿を現す。カツオはどんどん北上してやがて姿を消すが、シイラはそのまま沿岸近くに残って夏から秋にかけて釣れ盛る。最盛期は梅雨時期で、産卵のため流れ藻の大きな塊に大群でつき、サイズもよい。夏から秋にかけては次第に数が釣れるようになるが、サイズは小さくなる。秋の初めころには50〜60センチの小型が数が釣れて、ペンペンシイラと言われる。

シイラが釣れる水温は20度前後から27〜28度までと幅広い。水温が高い年は、12月になっても釣れることがある。釣れる海域も南西諸島から本州の太平洋、日本海沿岸の沖合から沿岸近くまで広範囲におよび、堤防や磯からのキャスティングで釣れることもあるくらいだ。つまり、とてもワイドレンジに釣れる魚で数も多く、テクニック的にも楽しめ、小型ボートで行ける範囲内で釣れることから、トローリング入門には最高の相手だと思う。また、カジキやマグロ、カツオ釣りで当たりもかすりもしないときに、ボウズの傷を癒してくれるありがたい友人のような魚でもある。

ルアーとスプレッド

ルアーはカツオと同じでもよいが、シイラが相手ならできればヒコーキなどを使わず、大きめのルアーを直曳きにしたほうがトローリングらしくておもしろい。直径30ミリくらいまでのコナヘッドかチャガーでカラーは明るめがよい。シイラはチャガーの水しぶきと音を特に好むので、一つか二つは必ず入れておきたい。

1メートル以上のシイラは大きなルアーによく反応する。直径25〜30ミリサイズのルアーなら、もしカジキがいても十分食ってくるので、カジキ釣りのごく早期と晩期には、このサイズのルアーでカジキとシイラ釣りを兼ねる。1メートル以下のサイズのシイラなら、スプレッドはカツオ釣りのままでもよい。たいていはシイラをねらって釣りをしているのではなく、カツオやマグロ類をねらってるときにシイラが掛かってくる感じだから、わざわざルアーを替えるのも面倒なので、そのままシイラ相手に釣り続けることになる。

シイラも1.3メートル前後、10キロクラスともなると、直径30〜40ミリサイズのカジキ用ルアーによく反応してストライクしてくる。カジキのストライクがなくてあまりにも退屈なときに、やや小さめのルアーを混ぜてシイラを釣って遊ぼうとすると、決まってカジキ用の大きなルアーにシイラが掛かる。それくらいだから、カジキと区別してねらう必要はないと思う。しいて言うなら、直径40ミリサイズでスカートが短めのチャガーを使えば特に反応がよい。ヘッドカラーはクリアイエロー、スカートはラメ入りのグリーン、薄いブルー、ゴールドなどをカジキと大型シイラ兼用の特効薬として著者は愛用している。

シイラ用のルアーの例

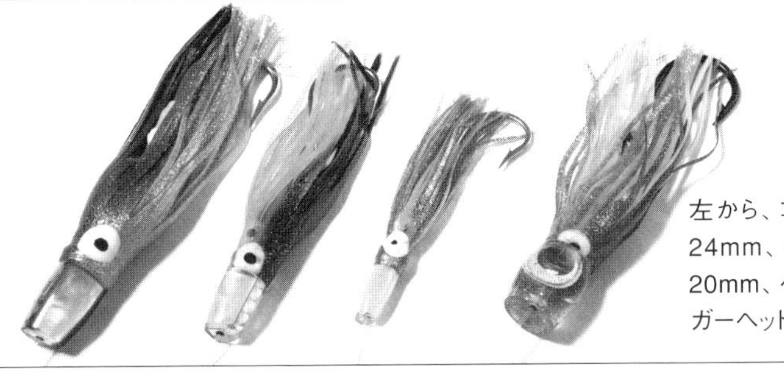

左から、コナヘッド直径24mm、コナヘッド直径20mm、ペンカット、チャガーヘッド直径30mm

Marlin
カジキ類

クロカジキ（マカジキ科）
魚のなかでもっとも高速で泳ぐとされる。日本でクロカジキと呼ぶのは死後魚体が黒くなるからで、英名のブルーマーリン（blue marlin）は釣り上げる直前に真っ青になるから。カジキ類のなかでももっとも外洋性が強く、高塩分を好む。大きいものは4.5メートル、500キロを越える

カジキの種類と回遊ルート

さて、カジキである。

日本にいるカジキはクロカジキ、シロカジキ、マカジキ、バショウカジキ、フウライカジキ（spear fish）、メカジキ（sword fish）の6種類。このうちフウライカジキとメカジキはごく少なく、JGFAの日本記録でもフウライカジキは12ポンド、50ポンド、80ポンドクラス以外記録なし、メカジキは全クラス記録がない。それくらい釣れないということだから、まず釣りの対象にはならないと考えたほうがよい。

カジキ類の回遊ルートは、カツオの後

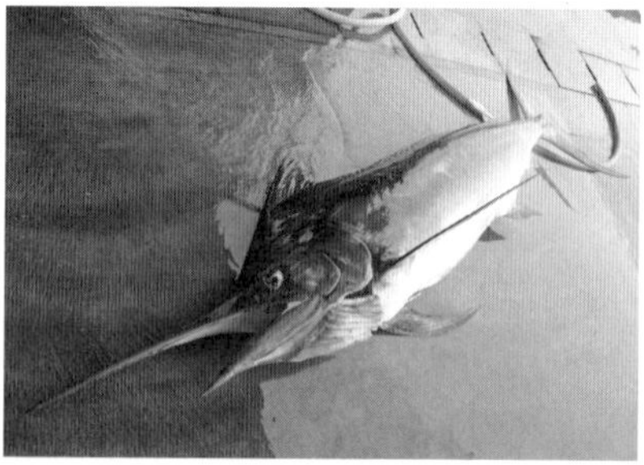

シロカジキ（マカジキ科）
クロカジキよりも体側が白っぽいことからこの名がある。英名はブラックマーリン(black marlin)。クロカジキとよく似ているが、胸ビレが固定されていることで見分けがつく。沿岸近くに寄る習性があり、日本海にも入る。トローリングで釣れる確率はクロカジキの数十分の1。大きいものは4.5メートル、500キロを越える

マカジキ（マカジキ科）
日本ではクロカジキに次ぐトローリングの対象魚。シーズン的にはクロカジキよりも早期に多い。背ビレが体高よりも高いことで見分けることができる。英名はストライプトマーリン（striped marlin）。2.5メートル、50キロクラスが多いが、大きいものは100キロを越える

バショウカジキ（マカジキ科）
背ビレが極端に大きくバショウの葉に似ていることからバショウカジキと呼ばれる。英名セイルフィッシュ（sail fish）のセイルは帆のこと。カジキ類のなかでは大きな群れを作り、日本海にも多い。1.5〜2.5メートル

カジキ類の回遊ルート

カジキ類のなかでも、クロカジキはもっとも外洋性が強く、高水温を好む。南方海域には1年中いて、水温の上昇とともに黒潮に乗って本州の太平洋岸に回遊する。シロカジキ、マカジキ、バショウカジキは日本海にも入り、マカジキの一部は北海道南岸に達する。本州沿岸で夏を過ごした後のカジキの群れの動きは、よくわかっていない

を追いかけるように、黒潮伝いに南から北へ向かう。沖縄海域にはほぼ1年中いて、九州、四国沖に姿を現すのは5月ごろ、紀伊半島沖では6月ごろになると本格的に釣れ始め、7月には伊豆沖、8月には三陸沖に至る。黒潮の高温部には1年中いて、春の早い時期にマグロねらいの曳き縄釣り漁船が釣ってくることがあるが、水温が23度前後になるまでは数が少ない。黒潮海域で本格的なシーズンが始

黒潮の流れとカジキの動き

クロカジキの回遊は、黒潮の流れによって強い影響を受ける。もっともよいのは小蛇行型で、伊豆沖から遠州灘を経て紀伊半島東岸へ至る強い還流ができ、それに乗ってたくさんのカジキが沿岸にやって来る。房総半島以北の太平洋岸にも強い分流が入って好シーズンとなる。大蛇行になると黒潮が沿岸から遠く離れるが、夏のシーズンは意外とカジキがよく釣れる。直行型になると沿岸によい潮が入らず、あまりよくないシーズンになることが多い

まるのは、水温が23度前後になってからだ。

黒潮の水温が26〜27度を越えるようになると、枝分かれした潮に乗って沿岸近くにも姿を見せるようになる。紀伊半島の沖で釣りをしているとよくわかるのだが、水温27度台までは黒潮のなかで盛んに釣れていたのが、梅雨明け後さらに水温が上昇すると、黒潮のなかには少なくなり、外れた潮で釣れるようになる。熊野灘沖、大王崎沖、伊豆半島沖などで本格的に釣れるようになるのがこのころ。

真夏に黒潮が小蛇行状態になって、伊豆沖から遠州灘沖、熊野灘沖へ向かう強い反流ができたシーズンは、各地でカジキが釣れ盛るすばらしいシーズンになる。逆に黒潮が紀伊半島沖から真っ直ぐ東へ流れるようなときは、真夏のシーズンの成績が全般によくないことが多い。

夏が終わって秋になると、カツオは沿岸沿いに帰り道をたどるが、カジキは一部を除いて行方がわからなくなってしまう。関東沖から東へ離れて行く黒潮に乗って太平洋の中央部へ出て行くと言われているが、はっきりしたことはわからない。秋に沿岸近くで数は少ないながらカジキが釣れることがある。これが釣れた場所の近くでずっとウロウロしていた置いてけぼりカジキなのか、戻りカジキなのかもわからない。一部は秋に戻りのルートを

たどるのかもしれないが、全体のなかの少数派で、大きな動きではないと考えられる。

マカジキの適水温はクロカジキよりもやや低く、シーズンの早期と終わり近くに多い。また、真夏に沿岸近くの水温が低く、クロカジキが入って来ないときにマカジキが釣れることがある。シロカジキはほかのカジキ類よりも沿岸性が強く、クロカジキはとても釣れそうになさそうな濁った潮のなかで釣れることがある。バショウカジキは夏の高水温期がメイン。シロカジキとバショウカジキは対馬海流に乗って日本海にも入るが、クロマグロのように水温の低い海域まで北上することはない。およそこのようなパターンを頭に置いて、釣りをする各海域それぞれのカジキの動きを考えていただきたい。

ルアーとスプレッド

カジキ用のルアーは、知らない人が見たらびっくりするくらい大きい。それを常時使っていると、直径40ミリくらいのコナヘッドやチャガーが普通に見えてくるし、直径30ミリくらいのバレットは小さく見えるようになる。成魚サイズのマグロねらいでもルアーのサイズは普通直径20ミリ台、大きくて直径30ミリ前後までだから、カジキ釣りだけが飛び離れて大きなルアーを使うことになる。

ルアーのスプレッドは、ボートに一番近いフラットラインにコナヘッドかチャガーのもっとも強いアクションをするものをセットするのが基本。これはボートの曳き波や航跡に負けずに存在を主張するくらい強いルアーでないといけないから。このフラットショートにカジキが来たときは、ルアーに飛びかかるのがすぐ近くで見えるので、とても楽しい。

フラットショートの反対側は、センターとの兼ね合いで、フラットラインにするか、ロッドティップからダイレクトにルアーを曳くかのどちらか。センターをミドルにするときはフラットライン、ロングにするときはルアーのアクション優先で考えればよい。

両アウトリガーも同じように長短の差を付けて曳く。左右に舵を切ったときに近くのルアーと絡まないようにセットするのは先に書いたとおり。ルアーはコナヘッドかチャガー。どちらがよいかは好み次第としか言いようがない。

カジキは、以上4セットで十分釣れる。そ

カジキ用のスプレッド

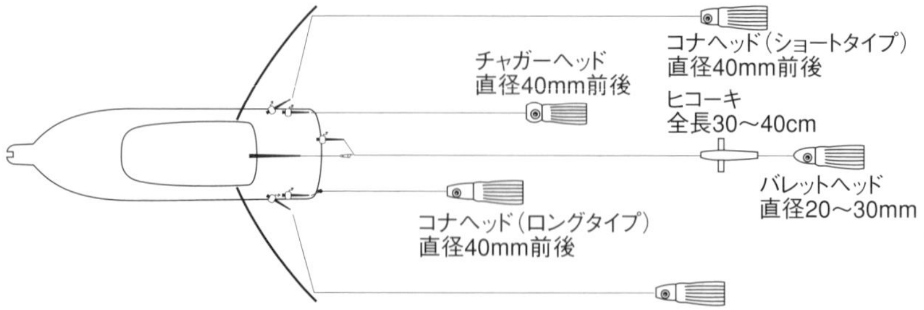

ルアーのアクションが単調にならないように、スプレッドの各位置にいろんなタイプを織り混ぜて配置する。すべてが実績のある強力なルアーでスプレッドを組むのがベスト。センターロングは、なくてもオーケー

こでセンターをどうするかだが、あえて使うなら思いきりロングにして、近くのルアーにアタックしてきたカジキが掛からなかったときにロングで食わせるという考え方がある。この方法で実績を上げるボートが増えていて、センターロングにヒコーキをセットし、小さめのバレットを使うスプレッドが普及しつつある。このときはアウトリガーとの絡みを防ぐために、できればセンターポールがほしい。

センターロング以外のルアーはコナヘッドかチャガーということになるが、どんなものがよいかは一概に言えない。間違いなく言えるのは、いくら実績があるとからと言って同じルアーばかりセットするのではなく、タイプやカラーが異なるルアーを各ポジションにセットしたほうがよいということだ。

すべてのポジションにカジキを何本も釣った実績ルアーを配置するだけでなく、全体として強力なチーム編成になっていないとベストなスプレッドとは言えない。各ポジションに最適なルアーは、ボートによって変わり、波風などのコンディションによって変わってくる。どんな状況でも、どんなポジションでもよく釣れる万能ルアーというのもある一方、特定のポジションで抜群の威力を発揮するルアーもある。そして、一つを替えれば、ほかのルアーへの影響を考えないわけにはいかない。ルアースプレッドのむずかしくておもしろいところだ。

初めてカジキを釣ろうと思ったときは、まず世界的に定評があるルアーを手に入れ、それを信用して曳き続けるしかない。なにも

カジキ用ルアーの例

上から、トップガン・ナイトメア、マーリンマジック、ジョー・イー、宮島ルアーズ・コナヘッド、パクラ・スプロケット、モールドクラフト・シニアフッカー、同・シニアワイドレンジ、宮島ルアーズ・チャガーヘッド、Haburin・バレットヘッド、宮島ルアーズ・黒蝶貝ヘッド、白蝶貝バレットヘッド

〈ワイルドキャット〉のカジキ用スプレッド

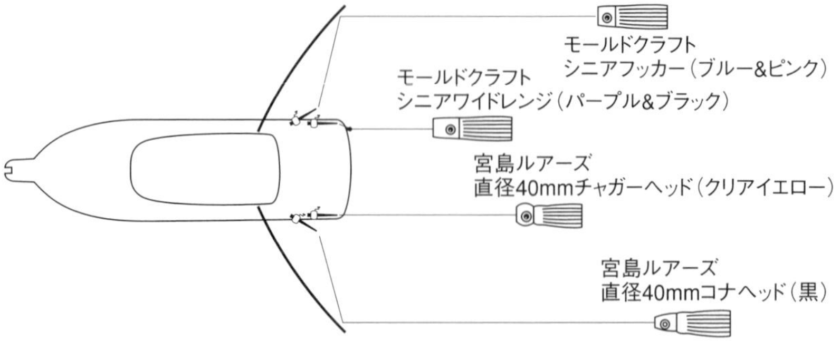

著者はシーズンを通して、ほぼこのスプレッドで通している。四つのルアーのうち、シニアワイドレンジは定位置。それ以外の三つのルアーの配置は、気分転換のために入れ替えることもある

かも、そこから始まる。そのためのヒントとして、日本でよく使われて実績を上げているルアーと、著者のボートのスプレッドを紹介しておく。

著者はカジキのシーズンを通して、このスプレッドをほとんど変えない。シーズン初期の30キロ前後のマカジキが多いときでもこのままである。過去の実績から、これで掛からないものはルアーを小さくしたからといって掛かるものではないし、サイズダウンにより魚を引き寄せる効果が落ちたらなにもならないと思っている。それともう一つ、わざわざルアーを小さくして小さなカジキをねらうようなことはしたくないという理由もある。

フックセッティングの問題

カジキがルアーにストライクしてきてるのに掛からない。フックに掛かって走ったが、すぐに止まってしまった。何百メートルもラインを引き出されて、ファイトに入ったら間もなくフックアウト。何十分もファイトして、やっと近くに寄ってきたと思ったらポロリ。そんなことがよくある。

カジキはエサと食うときに、角で叩いて

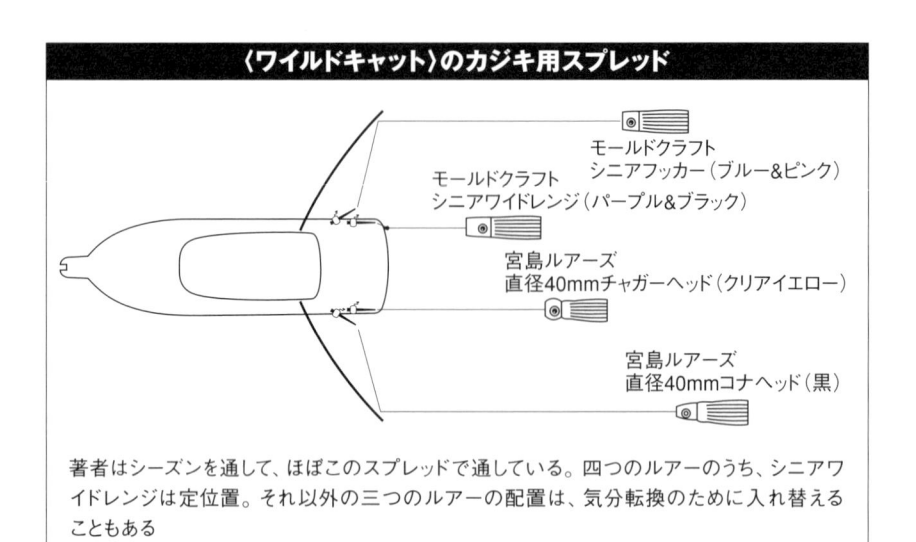

カジキ用のフックセッティング各種

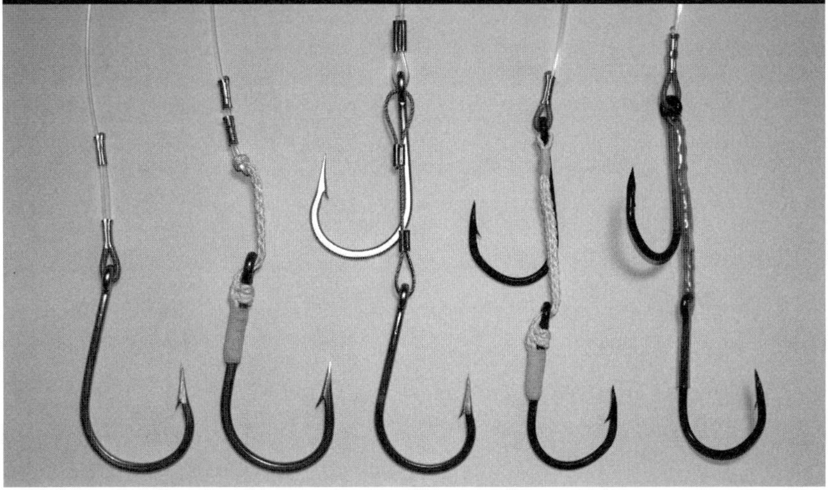

バラシが多いカジキ用ルアーのフックセッティングは、実にさまざまな工夫が凝らされている。左から、スリーブ二つで固定、リーダーとフックの間に三つ編みのPEラインを使用、ステンレスワイヤを使ったダブルフック、PEラインを使ったダブルフック、固定式ダブルフック

弱らせてから、ゆっくりと食いにかかるという説があって、ルアーにアタックしてくるときも水面から角を出してルアーを叩くように躍りかかるのが見えることもある。そんなときにフックが角に絡んだだけで驚いて突っ走ったら、上記のようなことが起こるわけだ。それだけでなく、カジキの口はゴムタイヤのように硬く、フックが刺さるところがあまりないので、よほどうまく掛かってないと長いファイト中にポロリと外れてしまう。

おまけにエサではなくルアーだから、深く食い込むことはないので、ますますフックアウトの確率が高まる。カジキはほかの魚にくらべて圧倒的にフックアウト率が高く、3回のストライクで1尾釣れたらとても優秀。5分の1でもまずまずと言われているほどだ。

そこで、なんとか掛けてやろうと、あの手この手が始まる。だいたいはダブルフックをどのようにセットするかで、ステンレスワイヤを使ったり、それを固定してみたり、軟らかいPEラインを使ったり、いろいろな方法があるが、これが絶対というのはない。

著者の好みはシングルフックで、リーダーとフックの間にPEラインを三つ編みにしたものを入れて、フックがぶらぶらになるようにしたもの。150号のナイロンリーダーはとても硬いので、フックが自由に振れるようにしておかないと、よいところに掛からないと思うからだ。これでうまく掛かると、角の根元の内側から硬い上顎を見事に貫通している。この掛かり方が気持ちよいのが、シングルフックにこだわる大きな理由だ。

カジキルアーのフックセッティングについては考え方や好みの問題も大きいので、みなさんもいろいろ試してみていただきたい。一つ注意点は、フックの説明のページで書いたとおり、2本のフックが互いに重なっているとIGFAのルール違反になること。ダブルフックをスカートの長さ内に収めようと思って、間隔を短くし過ぎないようにご注意を……。

カジキの探し方

カジキは本当に神出鬼没で、思いもかけないところでいきなりストライクが来ることがよくある。黒潮のなかの水温が高い潮筋を1時間も2時間も走ってストライクがなく、カジキはいないものとあきらめて潮筋を外したら、水温が下がったところでストライクが来た、なんてことが少なくないからキャプテンは悩んでしまう。

水温25〜26度くらいまでは、少しでも高水温の潮筋を探すのが基本。水温が十分な潮のなかに入ってから、さらにもう一段と水温が上昇するような潮筋があれば、その付近にカジキがいる確率が高い。たとえば黒潮がガンガン流れている海域の例を上げると、黒潮の端にはもちろん強い潮目ができるが、カジキはそういうところよりも、黒潮のなかに入って、さらに一段と水温が上昇したところ、あるいは二度目に水温が上昇したところなどに多いように思う。

逆に高水温期になると、水温が一番高い潮筋を避けて、その周りのやや低温のところをねらったほうがよいこともある。水温27度台後半になると、こういうことが多くなる。どれくらいまで水温が上がれば十分か、どれくらいなら高過ぎるかは海域と季節によってかわるので、簡単にまとめるのは不可能。著者の経験でも、一生懸命考えて出した結論からまったく外れたところでストライクがきたことが何回もあるから、このときはこうだと決めつけるのはよくないと思う。

水温は十分、潮色も濁りがなく黒く澄んだよい色をしている。そんな海域のなかで、

2日連続でカジキが釣れた例

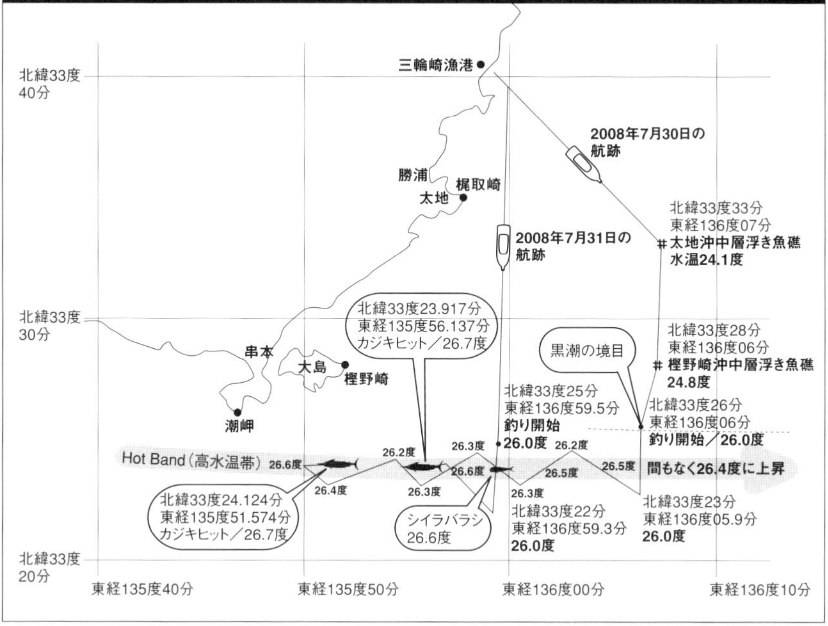

さらにどのようなところを走るか。著者は強い潮を探すようにしている。強い潮とは、流れが強い、水温が急激に変わるなど、周辺との差が大きくパワーがある潮のことだ。こういう潮筋が見つかれば、特に念入りにチェックする。最低1時間、ここは絶対によさそうと思ったところは2時間くらいルアーを曳き続ける。それでストライクがなければ、初めてカジキはいないものと判断して次の場所を探す。そんな感じだ。

カジキが相手となると、釣れないのは当たり前。1日ルアーを曳きまくってストライクがあればよいほう。どんなベテランでも、何日も続けてストライクがないことがめずらしくない。そんなときは我慢と根気の勝負になる。なによりも大切なのは、あきらめずにルアーを曳き続けることだ。

あまり理屈っぽく考え過ぎると、今日は潮がよくない、水温も低い、潮色も悪いとマイナス思考になって、釣れるものも釣れなくなってしまう。そうではなく、常にプラス思考で、これくらいのコンディションならカジキがいるかもしれないという方向で考えよう。どんな天才でも、今日はダメだとルアーを曳くのをやめてしまったら絶対に釣れない。たとえへたくそでも、いつかは釣れると信じてルアーを曳き続けている限りチャンスはある。カジキ釣りとはそういう釣りだ。

それ以外のさまざまなことは、チャンスを数％増やすかどうか程度の差でしかない。その一つ一つの積み重ねが最終的に数十％、あるいはそれ以上の差になる。よく釣る人はそういう努力をしている。カジキ釣りとは、年に数回の試合のために、毎日苦しい練習を続けているスポーツのようなものだと理解するのが、わかりやすいかもしれない。

ストライクからファイトまで

カジキの性質はとても荒々しく、ルアーにアタックしてきて食うのを失敗すると、一度であきらめずにチェイスを続けて、何回もしつこくアタックしてくることがある。長いときは数分もチェイスし続けてアタックを繰り返し、最後の最後にフックアップする。その一部始終が見えているから、とても興奮する。著者はこのときがカジキ釣りで一番おもしろい瞬間だと思っている。

ルアーにアタックしてきたカジキが掛からなくても、そのままチェイスし続けている可能性があるので、ボートを直進させながら様子を見よう。2回目のアタックで掛かればよし。もし掛からないときは、リールを使って誘いをかけてみる。まずドラグをフリーにしてラインを10メートルほど出してからドラグレバーを戻し、次にハンドルを回してルアーをスピードアップしてやる。ハンドルを2回くらい回しては止め、回しては止めを繰り返す。カジキの角で叩かれた魚が弱って泳ぐのをやめて沈んで行き、また泳ぎだす様子を演出してやるわけだ。

ハンドルを回すのが早過ぎると、ルアーが水面から飛び出してしまうので要注意。カジキはドラグレバーを戻してルアーが動きだした瞬間か、1回目、2回目の誘いで再アタックしてくることが多い。このことから、いったんライン出してルアーを止めてやる操作が大切なことがわかる。ボートのスピードをかえたり、ロッドをあおって誘いをかける方法もあるが、著者はもっぱらこの方法で誘いをかけている。誘いに乗ってカジキがアタックしてきたときは、まさに最高の気分だ。

フックアップしたカジキが走りだしたら、まずほかのタックルを急いで片づけよう。

最初に片づけるのは、カジキが掛かったのと同じサイドの空きタックル。次に魚の走り方をよく見て、出て行ってるラインと絡まりそうなタックルから順に片づける。

一度走りだしたカジキは、数百メートル走って疲れるまで止まらない。ファーストランの距離は平均500メートル。200〜300メートルで止まることもあれば、700〜800メートルも突っ走ってラインがなくなるかと思うこともある。その間1〜2分。短いようだが、実際の現場では意外と長く感じるくらい時間はあるので、落ち着いてほかのタックルを片づければよい。

人数がいるのであれば、アングラーはカジキが掛かったタックルのそばでなにかあったときに備え、片づけはほかのメンバーにまかせる。カジキの走り方に注意しながら、できるだけ素早くファイト体制に入る準備を整え、カジキがまだ走ってるうちにファイト体制に入る。

このとき注意しないといけないのは、カジキが走ってラインがどんどん出て行くと、スプールに巻かれた径が小さくなるにつれてドラグがきつくなっていくことだ。これは、リールのハンドルが短いと回すのに強い力が必要なのと同じ理屈。そのため、ラインが減るのに合わせてドラグを緩めてやらないといけない。ところが往々にして逆の操作をしてしまうことがある。ラインが全部引き出されてしまうのを恐れて、ドラグを締めようとするのだ。特にアングラーが慣れていないときは、まわりの者が注意してアドバイスする必要がある。

ストライク時のテクニックをもう一つ紹介しておこう。カジキがファーストラン中にあまりにもジャンプし過ぎるときは、ドラグを緩めて抵抗を小さくしてやる。そうすると、ジャンプをやめて泳ぎだすことが多い。これはカジキがジャンプするのはラインの抵抗を嫌がっているからで、だったらドラグを緩めてやればおとなしくなる理屈。フックアウトのバラシを防ぐのにとても有効なテクニックだから、ぜひ覚えておいていただきたい。

何回もストライクしてきてるのに掛からないカジキに誘いをかけるときは、タックルをロッドホルダーにセットしたままで、リールのドラグレバーとハンドルを操作する

Wafoo
カマスサワラ

カマスサワラ（サバ科）

外洋性の表層魚で高水温期に本州南部の太平洋沿岸に寄る。ノコギリ状の歯はルアーのスカートやリーダーを簡単にかみ切るほど鋭く危険。体側の横縞は生時は不鮮明で死後に現れる。1～2メートル

カマスサワラの習性

カマスサワラという魚名は、一般にあまりなじみがないと思う。体型がよく似た沿岸性の別種、サワラに対して本種は沖にいることが多いことからオキサワラとも呼ばれる。それよりも英名のワフーのほうが聞き慣れているかもしれない。日本ではスポーツフィッシングのメジャーな対象魚ではないが、外国では盛んにねらわれるターゲットとして定評がある。特にフックアップして突っ走るときのスピードと、ソテーやムニエルによく合う食味が人気だ。

カマスサワラの歯はカミソリのように鋭い。どんなに太いナイロンリーダーでも切られてしまうので、ワイヤリーダーを使う

カマスサワラが日本で釣れるシーズンは、カジキ釣りの最盛期ごろに始まり、カジキが一段落して水温がさらに上昇した最高温期から少し下がり始めるころまで。27～29度に達する高水温を好み、沿岸近く

の濁った潮や水潮を嫌う典型的な黒潮海域の魚だ。梅雨時期から夏の前半にかけては沖の暖かい潮のなかで釣れるが数は少ない。曳き縄釣りの漁船が盛んにねらうようになるのは真夏の後半からで、そのころに産卵のために岸近くに寄って来るものと思われる。

日本では半ば外道扱いだが、外国でワフーと言えば一つの立派なジャンルとして釣り方が確立している。表層を曳く普通のトローリングスタイルから、深く沈めて曳く方法まで、テクニックもルアーも多種多様。日本でそれを試すチャンスが少ないのは残念な限りだが、カジキやシイラねらいのときに併用できるおもしろい釣り方があるので紹介しておきたい。

バイブレーションプラグとワイヤリーダー

外国のタックルショップで、バス釣り用のバイブレーションプラグをばかでかくしたようなルアーを見かけることがある。対象魚としてカジキでも、マグロでも、シイラでも、なんでもこいみたいなことが書いてあるが、このルアーのメインの対象魚はカマスサワラだ。

カマスサワラは歯がとても鋭く、普通のトローリングルアーではスカートをすっぱりかみ切られてしまって、釣れるたびに取り替えないといけない。そこでハードプラスチック製のルアーを使うというわけ。魚の形をしたミノーを曳いても釣れるが、ボートのスピードを落とさないとちゃんと泳がないから、ほかの魚を釣る効率が落ちてしまうという問題がある。バイブレーションプラグなら、その点も大丈夫だ。

リーダーを歯で切られない対策として、49本ヨリのステンレスワイヤを使う。太さは49番前後、長さはランディング時に短いほうが扱いやすいので1.5～2メートル程度にする。ランディングは歯に注意しながら慎重に行う。フックを外すのも完全に死んでからにしたほうがよい。

カマスサワラ用バイブレーションプラグの例

高速曳きに耐えるカマスサワラ用バイブレーションプラグ。下のルアーはカマスサワラの歯でかじられて傷だらけになったもの

Yellowtail & Spanish mackerel

ブリとサワラ

ブリ（アジ科）
大きさによって名前が変わる出世魚で、関東ではワカシーイナダーワラサーブリ、関西ではツバスーハマチーメジローブリなどと呼ばれる。春から夏に北上し、北海道からオホーツク海に至り、秋から冬に南下する温帯性の沿岸回遊魚。60〜120センチ

沿岸の回遊魚

サワラ（サバ科）沿岸性が強く瀬戸内海、日本海などにも多い。夏期は内湾や岸近くの表層で釣れることもあり、冬の低水温時は深場に移動する。鋭く尖った歯を持ち、ハリ外しに注意を要する。70〜100センチ。よく似た種にヨコシマサワラがある

ブリ、ヒラマサ、カンパチ、サワラは沿岸性の回遊魚として日本ではなじみ深い魚だが、これをトローリングで釣るとなると一筋縄ではいかない。普段の泳層が深く、海面近くに上がって来るのはエサの小魚の群れを追ってナブラになったときだけ。運よくそんな群れに当たればよいが、ナブラが見つからなかったときは1日走ってなにも起こらなかった、なんてことになる。

ナブラが見つかっても、ルアーを曳きな

ルアーを沈めて曳くための方法

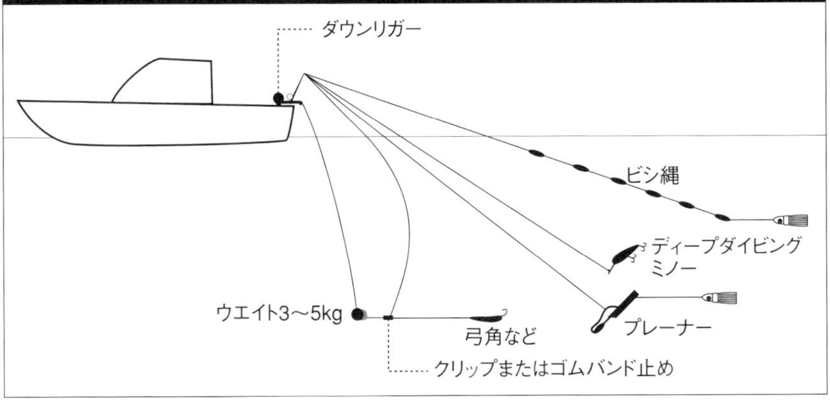

から走って行ったのでは時間がかかる。キャスティングのボートが近くにいたら、走り負けてナブラに近づくころには勝負は終わった後で、イライラするばかり。ならば、なんとかルアーを沈めて曳いて、ブリやサワラが普通に泳いでるところを釣れないものか、となるわけだ。

4種の沿岸性回遊魚のうち、ヒラマサは数がごく少ない。カンパチの成魚は根につく習性が強く、めったにナブラにならない。流れ藻や流木についた幼魚がカツオやシイラねらいに混じって釣れてくるだけだから、主にねらうのはブリかサワラになる。どちらも似たような海域にいて、内海や湾内にも入る。九州、四国から本州全域まで、釣り場はきわめて広い。カツオやマグロ、シイラ、カジキなどが少ない北寄りの海域や瀬戸内海、各地の湾内などにもいるので、これらの海域でトローリングをするなら、なんとか釣れる方法を考えることになる。

ルアーを沈めて曳く方法

漁船の代表的な釣り方は、「ビシ縄」と言って、小さなオモリをたくさん付けたハンドラインを使ってルアーを深く沈めて曳く。うまくやれば10メートル以上の水深を釣ることができるが、これをロッドとリールを使ったトローリングに応用するには二つ問題がある。

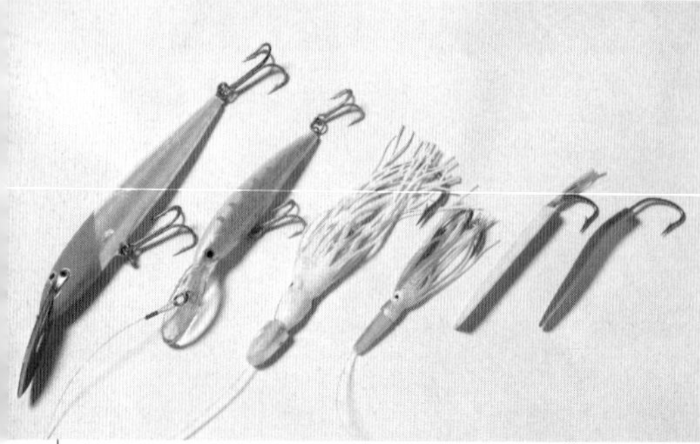

ブリとサワラ用ルアー各種。歯が鋭いサワラにはワイヤリーダーを使うのが安全で確実

一つは、魚が掛かってリールで巻いてきて、オモリを付けたラインが手元まできたら、あとは延々と手でたぐらないといけないから、いまいちおもしろくないこと。もう一つは、魚が掛かってボートのスピードを落としたときに、ほかのラインが深く沈んでしまうので、浅いところだと底に掛かる心配がある。

トローリングスタイルでルアーを深く沈める方法としては、深く潜るルアーを使うか、プレーナーという潜行装置を使うか、大きなオモリを使って力業で沈めるダウンリガーを使うかのいずれか。カツオ釣りのページで書いた潜行板やカマスサワラ用のバイブレーションプラグは、ブリやサワラを釣るには深さが十分ではない。

深く潜るルアーの代表として、魚の形をしたミノーに大きなリップが付いたディープダイビングミノーがある。これでねらえる水深は普通5メートルくらいまでなので、泳層が浅いときはよいが、深いときはまだ足りない。

プレーナーはルアーだけを曳いているときは深く潜り、魚が掛かると水圧を受ける金属板の角度が変わって浮いて来るようになっている。うまく使えば深さ10メートルくらいまで釣ることができるが、水圧による抵抗でタックルにかかる負担が大きい。

ダウンリガーは魚が掛かると自動的にラインが外れるようになっている。大きなオモリの上げ下げはモーターを使用する製品もある。いずれもトローリング時の船速は5ノット以下に落とすのが基本だ。

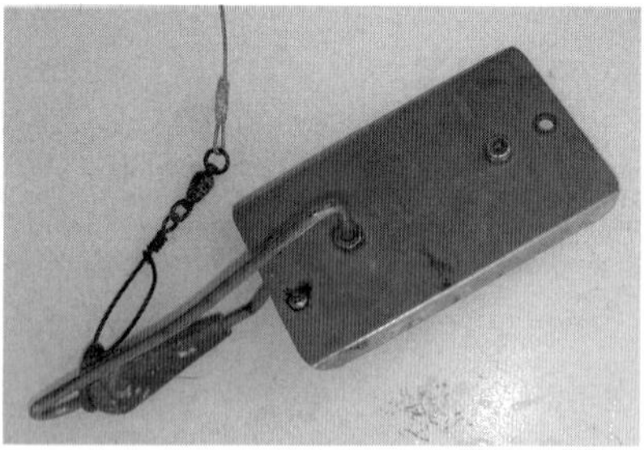

(上)プレーナー
(下)ダウンリガー

PART 3

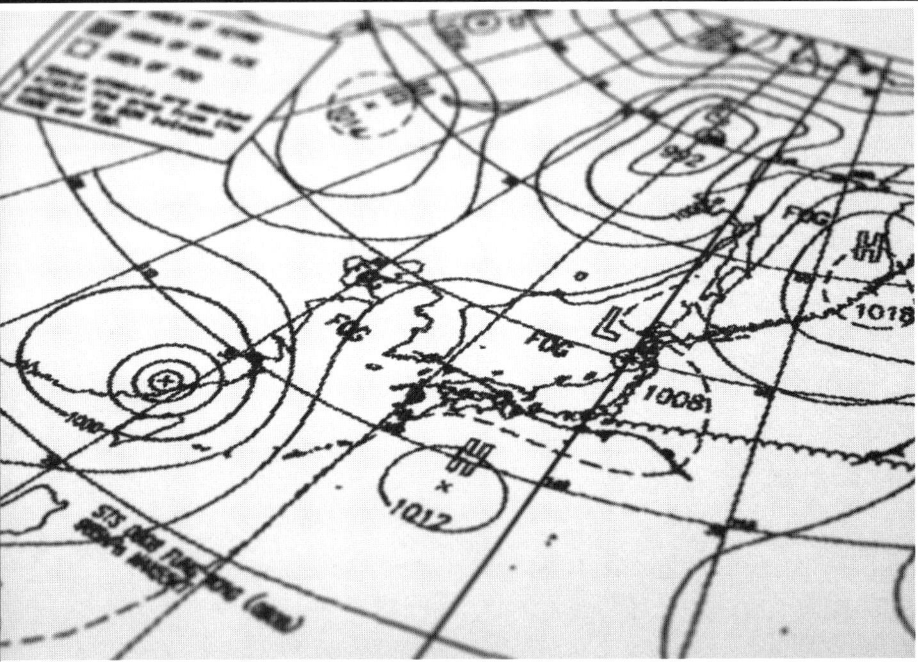

Tips to enjoy trolling to the full

トローリングを120%楽しむためのヒント

トローリングという遊びにはまると、最初のうちは大きな魚がたくさん釣れればそれだけで楽しかったのが、次第に洗練されたタックルやテクニックを駆使してねらいどおりに釣りたいと思うようになる。ここからはスポーツとしてのトローリングを安全に思い切り楽しむためのさらなるヒントをお届けしよう。

気象データの利用の仕方

海の天候について、「観天望気」ということがよく言われる。ボート免許教室の教科書などにかならず出てくるので、今さら説明するまでもないと思うが、つまり空模様をよく見て天候を判断しようということだ。

夕焼けなら明日は晴れ。朝焼けは下り坂の兆し。こんなのは釣り師ならだれでも知ってると思う。問題はそこから先、今日1日ボートを出して安全に釣りができるかどうかだが、天候というのは場所ごとで本当に癖があり、空模様を見て判断するなんてことは、毎日海に出てるプロの漁師ならまだしも、素人にはとても難しいと思う。

観天望気の話を聞いて、「そんな土地ごとの気象の知識をどこで手に入れたらいいんだ!?」と思われた方も少なくないはず。各地の具体例を網羅せずにそんなことを言うのは、無責任な話だと思う。だから本書ではそんなことは言わない。著者だって、観天望気はほとんど当てしてないしね。だったら、なにを元に天候判断をするか。ここではそういう話をしたい。

まず、なによりも大切なのは、釣りに行く日も行かない日も常時、天気予報をチェックすること。気象庁の予報は毎日3回、午前5時、11時、午後5時に発表されて、それが少し遅れてインターネットやテレビ、ラジオなどで伝えられる。それを、できることなら毎回チェックしたい。そうすれば予報がよいほうへ変わってるか、よくないほうへ変わっているかを知ることができる。予報が2、3日前からコロコロ変わってるようなときは、これは当てにならないな、と警戒するわけだ。午前11時と午後5時の予報は翌々日の天候も発表されるので、それをチェックすれば、出漁2日前に釣りに行くか行かないか、およその心づもりができる。

さらには波高の予報も見ておきたい。テレビなどの天気予報では波高を省略してしまってることも多いが、その点で便利なのが、インターネットで気象プロバイダーが流してる天気予報だ。著者はウエザーテック(http://tenki.wet.co.jp/)の各地の予報を利用している。

天気図は素人が見てもなかなか理解できるものではないが、長い間釣りに行きながら見続けていると、こういう気圧配置のときはこんな天気や風になるのかということが、およそわかってくる。釣りに行く前だけでなく、帰ってから天気図を見て、あーそうだったのかと思い当たることもしばしば。特に低気圧の位置から波の来る方向を予想するには、天気図が役に立つ。天気予報と同じく、天気図もできるだけ毎日見るようにしよう。最新の天気図をチェックするにもネットが便利。著者は国際気象海洋（http://www.imocwx.com/）の天気図サービスを利用している。

さて、これらの気象データを釣りの現場でどう利用するかだが、だれが見ても絶対大丈夫な日はよいとして、問題は出漁できるかどうか微妙なときだ。たとえば、出漁前にマリーナや港で海の様子を見て、予報より天気がよさそうなら安心、荒れてるようなら要警戒。釣りの最中に予報よりも早く荒れてきたら早めに帰港などと判断する。

海釣りのなかでも沖へ出ることの多いトローリングでは、晴雨よりも波の高低が問題だが、これは場所ごとで癖があって一筋縄ではいかない。たとえば、著者が普段釣りをしている紀伊半島東岸の熊野灘では、天候が下り坂のときに吹く東寄りの風は、予報よりも強くなるのが普通。また、夏の晴天時は南西の風が吹くことが多く、凪の予報なのに2メートルぐらいの波になることが少なくない。黒潮海域で東からの風が吹くと、西から東へ向かう潮流と風波がぶつかって、逆巻くような波になる。さらに黒潮の縁では外から吹き込む風が強くなる傾向があり、黒潮の外はベタ凪なのに黒潮に乗ったとたん大荒れになることもある。

このような場所ごとの癖は、実際釣りに行きながら覚えていくしかない。それをしっかり教えてくれる人がいればラッキーだが、口で言われてなかなか理解できるものではない。一緒に釣りに行きながら、こういうときはこうなると体験的に覚えるのが一番確実。このような気象の知識が一とおり身につかないうちは、くれぐれもギャンブルはしないこと。とにかく用心しながら、少しずつ足を伸ばしていくようにしよう。あとは自分のボートがどれぐらいの波に耐えられるかだが、こればかりは各自で判断していただくしかない。

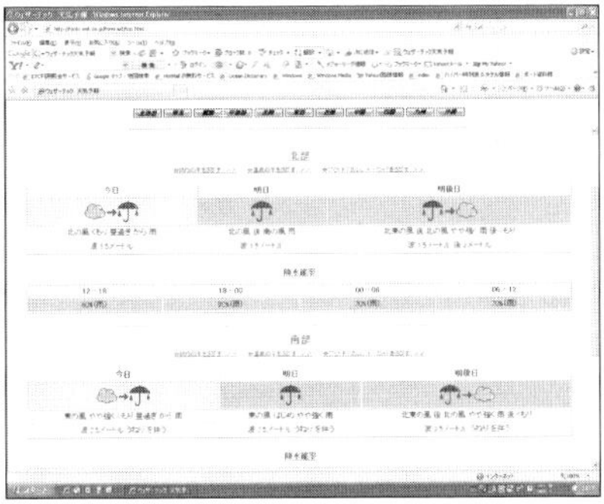

ウエザーテックの各地の予報は翌々日の天気や波高も出てるのでとても便利

トローリングボートの運用

トローリングボートを手に入れて釣りを始めようというときに、まず問題になるのがボートの大きさと基地をどこにするかだ。ボートの大きさは、予算の範囲内という制約がある。基地は、自分のボートで行ける範囲内にどんな魚がいるかを考慮して選ばないといけない。当然、この二つには密接な関係がある。

どこまでも行ける大きなボートであれば、基地をしばるのは時間の問題だけだ。こういうボート運用の例として、金曜の夜に都市近郊のマリーナから出港して釣り場まで走り、土曜の朝から釣りをして、その夜は現地の港でステイ、日曜の昼ごろまで釣りをして帰港するパターンがある。そうなると、安心して釣りをしようと思ったら、それなりに大きなボートでないといけない。もちろん燃料代やマリーナ費用もそれなりにかかる。これは、とてもぜいたくな例だ。

それとは逆にボートの大きさに制約があるのであれば、基地をどこにするかが大きな問題になる。そのボートで届く範囲内にカツオは回って来るか、カジキのチャンスはあるか、沖へ出られる日数は年間どれぐらいあるか。そのようなことをちゃんと調べてから基地を選ばないといけない。そこで手を抜くと、あちらのマリーナ、こちらの港と、基地を点々とすることになってしまう。実際、そういう例をしばしば見かけるので、くれぐれも事前調査は慎重にしていただきたい。

ボートは大きいに越したことはないが、あまり大きなボートだと少人数で気軽に釣りに行けないという問題がある。特にフライブリッジ艇は、最低でもキャプテン以外にもう1人か2人いないと、釣りをするのがとても面倒。こういうこともしっかり考えておかないと、ボートを買ったはよいが、メンバーの都合がつかなくてなかなか釣りに行けない、なんてことになってしまう。

ならば、小さなボートでどれぐらい釣りができるのか。たとえば20フィート台のボートでカジキを釣るのは、足さえ届けば十分可能。実際に23～26フィート艇でカジキを釣ってる例が、いまやめずらしくない。問題は、カジキが釣れる場所まで行けるかどうかだが、太平洋岸では、夏になると沿岸の5～10マイル以内でカジキが釣れる海域が、意外とあちこちにある。そこは発想の転換で、トローリング＝カジキとこだわらなければよいだけのこと。普段はカツオや小型のマグロ、シイラなどを釣りながら、シーズンになってチャンスがくれば大物をねらうスタイルのトローリングは、日本の各地で成立するはずだ。そのための戦略については、次項で説明したい。

著者が、トローリングの基地を探したときのことを書いておこう。まず条件として、黒潮域まで日帰りで往復してカジキが釣りができる、ということがあった。その上で、安心してボートを置ける場所を探したわけだが、紀伊半島の西側でもっとも黒潮に近いマリーナは田辺湾内で、それ以南は漁港になる。漁港にボートを置くと台風時の避難など、難しい問題がいろいろあって、とても独力では管理し切れない。紀伊半島東側のマリーナは、黒潮からさらに遠く、日帰りはとても無理。

そのなかで空きスペースが見つかったのが、新宮市の三輪崎漁港だった。ボートのサイズは、揚降整備可能なサイズと予算の兼ね合いから33フィートとした。当時は大阪からの通いで、片道4時間近くかかるのが難点だったが、釣りの環境にはかえられないと判断した次第。

プレジャーボートの基地として近年注目されつつあるのが漁港の一部を転用したフィッシャリーナ。立地や設備はさまざまだが、トローリングに最適のフィッシャリーナは全国各地にある。写真は和歌山県那智勝浦町の「フィッシャリーナ那智」

次にボート運用の費用だが、これは基地と釣行頻度、燃費によって実にさまざま。普通に釣りをして、年間に小型艇で20〜30万円から大きなボートだと数百万円まで選り取り見取り。著者のボート（33フィート、ディーゼル260馬力）で年間70〜80日釣りをして、係留費用から燃料代、整備費用、保険代などすべて含めて約100万円といったところ。これはトローリング以外の釣りも含む。20フィート台のボートならこの2分の1から3分の1ぐらいを目安にしていただければ、それほど大きく外れていないと思うので、ご参考に。

スモールボートの戦略

20フィート台のボートでカジキをねらって、毎シーズン成果を上げるチームが各地に登場している。もはや小型ボートのカジキ釣りは夢物語や絵空事ではなく、やる気と条件さえ整えば、実現可能な遊びと言ってもよいのではなかろうか。

その一方で、カツオや小型マグロ、シイラなどをねらうトローリングは、ボートの大小を問わず、日本ではなかなか普及しない。これには二つの理由があると思う。一つは日本のボート釣りがあまりにも多彩で、それぞれがあまりにもおもしろいこと。そのため、外からは単調に見えるトローリングには、なかなか食指が伸びない。もう一つは、これは場所にもよるが、シーズンが限られることがある。カジキだけなら長くてもせいぜい3、4カ月。カツオや小型マグロ、シイラまで対象を拡げても普通は半年ぐらい。それだけのために大層な装備を調えてタックルまで買い込むのは、ちょっと試してみるには負担が大き過ぎる。

そこで本書ではジギングタックルやボート釣り用のタックルを使って、まずは魚を釣ってみることをお勧めするわけだが、それでやってみて、おもしろいから続けてみようとなったときに、次の一歩をどうすればよいか。そのことを書いておこう。

費用がふんだんにあるなら、一気になにもかもを揃えればよいが、なかなかそういうわけにはいかない。保管や係留場所の問題もあって、そう勝手気ままにボートを大きくすることもできないのが現実。ボートのサイズに制約がある場合、あのごつくて重いトローリング専用タックルはスペース的にきついものがあるし、魚が掛かったときの取り回しもたいへん。もちろんファイティングチェアを取り付けるスペースもない。だったらどうすればよいか。

20フィート台のボートで普段はカツオや小型マグロ、シイラなどを釣っていて、カジキやマグロが回って来るチャンスにも備えたい。だけど、たくさんのタックルを載せて行くのはスペース的に無理。そんなときの戦略として、こういうのはいかがだろうか。

リールは30ポンドクラスで、ロッドは全長もバットも短くてコンパクトなスタンディングファイト用を使う。これなら小型ボートでも取り回しは大幅に楽。ラインは大物がきたときに備えて、PEラインの4〜6号を巻いておこう。4号でおよそ50ポンド、6号ならおよそ80ポンドクラスの強度があるから、大物が来ても強さは十分。長さも500〜600メートル以上巻けるから、大きなマグロやカジキが掛かって一気に突っ走っても十分対抗できる。

大きな魚が掛かったときのファイトは、最初からファイティングチェアを使うことを考えず、ステンディングファイトで挑む。魚が止まらなくてラインがなくなりそうになったら、アングラーがボートの前へ移動して、ボートごと魚を追いかける。そのためには、魚が掛かってないタックルをできるだけ早く片づけて、アウトリガーを起こしておかないといけない。小型ボートに軽量タックルなら、こういう作業もとても素早くできるはずだ。

魚の走りが落ち着いたら、アングラーはふたたびボートの後ろへ移動して、後はじっくり時間をかけてファイトすればよい。このとき、船外機艇ならリバース時の方向転換も思いのままで、インボード艇よりもはるかに素早く小回りがきくはず。こういうファイトって、なんだかとてもエキサイティングでおもしろそうな気がしないだろうか。

PEラインを使うときのロッドは、ローラーガイドよりもSiCなどのリングガイドのほうが回転不良などのトラブルが起こらなくてよい。リールはなるべく軽量のものが扱いやすい。一例をあげると、シマノのティアノス

小型ボートのトローリングには30ポンドクラス以下のリールが軽量、コンパクトで使いやすい。写真はシマノ・ティアノス20

30ならPEライン6号を約800メートル巻くことができるからキャパシティは十分で、価格も3万円台で購入できる。

これにPE6号を少なめに巻き、その先にPE8〜10号を100メートルほど足して使えば、デリケートなPEラインが傷付いて弱るリスクをある程度回避できるし、傷付いたときは先だけかえることで、下のラインを長く使うことができる。PEライン同士のつなぎ方は、それぞれの先に三つ編みで長さ1メートルほどのダブルラインを作り、ダブルループトゥーループ（P48参照）でつなぎ合わせる。

まずはこういうタックルを1組、左右対称でないと美しくないと思うのであれば2組揃えて、大物のチャンスに備えよう。それでチャンス十分とわかってから、次のタックルはどんなのにするかを考えるのが、無駄もなく楽しみが多くてよいのではないだろうか。

スピニングとライトタックル

前項で紹介したPEライン4〜6号を巻いたタックルは、ポンドクラスで50〜80ポンドあるから、ライトタックルとは言えない。細いラインで大物とのスリリングなファイトを楽しむのではなく、確実に魚をキャッチすることを優先した考え方だ。それに対して、30ポンドのリールを使うんだったら、普通に30ポンドのナイロンラインを巻いてファイトすればいいんじゃないか、という考え方も成り立つわけで、それもまたトローリングの楽しみの一つである。

同じ大きさの魚を釣るのに、30ポンドタックルなら50ポンドにくらべておよそ2倍の時間がかかる。100キロのカジキを釣るのに80ポンドなら30分、50ポンドなら1時間、30ポンドなら2時間というのがおよそ平均的なところ。これ以上早くキャッチできたら、チームが優秀か魚が弱いかのどちらかだ。

30ポンドタックルに10キロクラスのシイラが掛かれば、そこそこ時間をかけたおもしろいファイトが楽しめる。5キロクラスのカツオやマグロでも十分おもしろい。ところが、日本ではこういう釣りは好まれない傾向が強い。シイラなんかに時間をかけてどうするの!?　カツオやマグロは手早く上げて数釣りたい、というわけだ。

もっと楽しんで釣ればシイラでも十分おもしろいし、たとえ相手がカツオやマグロでも、たくさん釣ることにこだわり過ぎるのはいかがなものかと思う。前項で書いたことと矛盾するようだが、マグロやカジキが回って来る海域でも、オール30ポンドタックルに30ポンドラインで普通に釣りをして、それに大きな魚が掛かれば、そのときは思い切りファイトを楽しめばよいじゃないか、というゲームスタイルも成り立つはず。日本でそういう釣りを楽しむボートは今のところ少ないが、これからトローリングが普及して、経験豊富なボートが増えれば、ライトタックルがもっと使われるようになるかもしれない。

一方、スピニングタックルを使ってマグロやカジキにチャレンジするケースは目に見えて多くなっている。これは、トローリングの大物に十分対抗できるだけのラインキャパシティーと性能を備えたスピニングリールが商品化されるようになったことが大きい。実例をあげればシマノのステラSW20000PGだが、これならPEライン5号を600メートル巻いて100キロオーバーの

大物とのスタンディングファイトは大変。おまけにスピニングタックルならもっと大変。それでもやってみたいと思うなら、それなりのスキルと覚悟が必要。それと体力も……

カジキを失敗さえしなければ確実に釣り上げるだけの性能がある。

ただし、ファイトは大変だから覚悟が必要。はっきり言って、いい歳したオヤジがやることではない。腰痛、肩痛で翌日は仕事ができないなんてことになってはいけないから、こういう楽しみは若者にまかせよう。

スピニングタックルを使ったファイトで問題になるのが、ドラグ調整。レバードラグではないから、アングラーは自分の感触でドラグを締めたり、緩めたりしないといけない。ラインの強さも長さもそれほど十分とは言えないスピニングタックルだから、ドラグ調整は頻繁にする必要がある。それを感触で行うには、ある程度の経験が必要。おまけにスタンディングファイトは、魚が掛かってからキャッチするまで一瞬も休む暇がない。

さらにはラインの長さが十分でないことから、大きな魚が掛かって突っ走ったときは、ほかのタックルを素早く片づけ、ボートで魚を追いかけないといけない。

魚が掛かったタックルはアングラーがストライク直後からフォローする。それ以外のタックルの片づけは、キャプテンとほかのメンバーが行う。すべてがスムースにできて、初めて大物とのファイトが可能になる。アングラーとキャプテンだけでなく、チーム全員のスキルが高くないと、見てる間にラインを全部引き出されてパチン!! これでは魚をいじめてるだけだから、格好だけ真似するのはやめたほうがよい。

なぜそこまでしてスピニングで大きな魚を釣らなければならないのか、普通にトローリングタックルで釣ればいいじゃん、と言うなかれ。人にはそれぞれの楽しみ方がある。マグロやカジキが釣れそうなスピニングリールが発売されたら、それで釣ってやろうじゃないか、と思うのは釣り人として不自然なことではないと思う。問題はスキルがともなっているかどうかだが、その点については、よく自問自答していただくしかない。

チャーターボートで楽しむ

「キャプテンが掛けた魚を巻かせてもらうだけの釣りの、どこがおもしろいのか」

本書の最初に書いた疑問に対する回答は、ここまで読んできたあなたなら、もうわかってるよね。トローリングの楽しみは、どこにいるかわからない魚を探すことと、掛かった魚を釣り上げることの二つに大きく分かれる。そのうち前者は、ボートを操縦するキャプテンの技量に負うところが大きいが、あなたがキャプテンではなくクルーだったとしても、キャプテンがなにをやろうとしてるか、なぜ魚が釣れたかをわかってるかわかってないかで、おもしろさは断然違ってくる。

それがマイボートであれば、みんながチームの一員として、それぞれの役割を楽しむことになる。リーダーを手繰ったり、ギャフを打ったりできなくてもよい。ファイティングチェアの向きを変えたり、アングラーにドリンクを手渡すだけでも、チームで魚を釣るなかに自分が入っていれば、尻尾の先ぐらいは自分が釣ったことになるわけだ。

だったら、チャーターボートのときはどう楽しむか。単純な話、お金を出してチームを買い切ると考えればよい。それに対して、キャプテンやデッキハンドがどんなサービスをしてくれるか、ゲストの希望をどのぐらい聞いてくれるかは、ボートによって異なる。無理言ってもできないことはできないし、チャーターボートそれぞれのスタイルがあるので、可能な範囲内で無理なく楽しむのが一番。まあ、最初はキャプテンやデッキハンドに自由にやらせて、どんなスタイルのトローリングが得意か、どれぐらいのスキルがあるか、ゲストに自由にやらせてくれるかそうでないかなど、様子を見るのがよいだろう。

そのときにも、ただ漫然とボートに乗ってるのではなく、どんなところで、どんなルアーを使って、どんな走り方をしてるかよく観察しよう。これがたいへん勉強になると同時に、経験豊富なゲストなら、そのチャーターボートのスキルの高さを見抜くことも可能。それで気に入ったら何回か足を運び、自分の釣りをするのは、キャプテンやデッキハンドに顔を覚えてもらってからでよい。その機会がどれぐらい早くやって来るかは、相手次第ということになる。

チャーターボートのキャプテンはキャプテンで、このゲストはどれぐらいのスキルがあるんだろうかと観察している。この人は、よくわかってるなと思ったら、フルに楽しませるために、いろんなことを説明してくれるようになる。それがさらに進めば、今の海のコンディションはこんなだから、あっちへ行くか、こっちへ行くかと、1日の作戦会議から始まるようになる。お金を出して買い切ったチームをフル活用できるようになるのは、このあたりからだ。

チャーターボートでトローリングをするなら、ぜひこの段階まで進んでほしい。それには、自分と気の合うキャプテンやデッキハンド、自分のフィッシングスタイルに合ったボートを見つけることが不可欠。なかなかパーフェクトは難しいが、もしそんなチャーターボートが見つかったら一生の付き合いになるかもしれない。

チャーターボートにもいろいろあって、日本国内では漁船、遊漁船タイプかフィッシングボートタイプかで、大きく分かれる。数は前者が圧倒的で、いかにもトローリングらしいフィッシングボートを使ったチャーターは、ごく少ない。これは、トローリングだけでは1年の営業が成立しないという事情があるからだ。それともう一つ、タックルがフルに揃ってないチャーターが少なくないので、その場合はゲストがマイタックルを持参しないといけない。その代わり、こういうチャーターなら最初から自分のタックルとルアーで釣りができる。ただし、釣りに行く場所や、走り方ま

ハワイ島のホノコハウマリーナ。ズラリと並んだチャーターボート200隻以上というトローリングのメッカだ

でリクエストできるかどうかは別問題だ。

釣りの内容では、ドントタッチ(Don't tuch)、つまり魚が掛かってファイトが始まるまでゲストにはタックルに触らせない、すべておまかせのチャーターが海外ではけっこう多い。特に観光地などでは、こういうスタイルが普通と思ったほうがよい。そこでゲストにどれぐらい自由にやらせてくれるかは、乗ってみないとわからない。まあ、それでも釣りの内容が本格的であれば、勉強にもなることだし、納得できないことはないが、なかにはいかにも観光客相手の“なんちゃってチャーター”もある。そんなのに当たったら、アンラッキーと思ってあきらめるしかない。時間とお金を無駄にしないためにも、事前調査はしっかりしておこう。

データの保存と活用

トローリング中のデータを保存、活用することの重要性については、魚の探し方と釣り方のところでも述べたが、ここでもう少し詳しく説明しておきたい。

船上でメモを取る内容は、ルアーを曳きながら走ってる船の方向をかえた時刻と緯度、経度、水温。潮目があったり、流木や大きな藻の塊、ナブラ、トリヤマなどが見つかったときも、同じように記録する。魚が釣れたときは、それらに加えて釣れたルアーとそのポジションも記録。カジキなどの大物が釣れたら、ストライクの様子、ランディング時刻などもつけ加える。速い潮に向かったり、追われたりして船速が大きくかわったときは、そのときの方向と速度も記録する。

具体的にどんなメモの取り方をするかは、文章で説明するよりもメモの現物を見ていただいたほうがわかりやすいと思う。次項のコピーは、2日連続でカジキが釣れたときの潮流の状態を137ページに図で掲載した、そのときのメモだ。もちろん137ページの図は、このメモを元に描いている。メモがあれば、このような検証ができることを示す好例だと思う。

実は、04年のシーズンまでは、このメモの内容を細大漏らさずパソコンのデータベースに入力していた。ところがこの入力がたいへん面倒で、1日分でB5のレポート用紙に半分のメモだと、入力するのに30分ぐらいかかってしまう。釣りに行く日が続いてるときに、そんなことはとてもできたものではない。

そこで05年からは手を抜くようになり、目立った魚が釣れたときしか入力しないことにした。さらに06年からは、それもやらなくなった。データベースには釣れた場所や水温、ルアーの種類やポジションだけを入力し、メモはスキャナーで取り込んで残すことにした。これ以上手を抜くと、メモを取ってる意味がないぐらいの手抜きである。

メモの現物は、ファイルにしてボートに載せている。釣りをしているときになにか思いついたことがあれば、すぐにメモを取りだして過去のデータをチェックできるようにしてあるわけだ。これが往々にして役に立つのと、チャーターのゲストに説明するときには、思いのほか説得力のある資料になる。効能としては後者のほうが大きいぐらいなので、いまだにメモを取ることは欠かせない作業になっている。

2005年7月30、31日のメモ

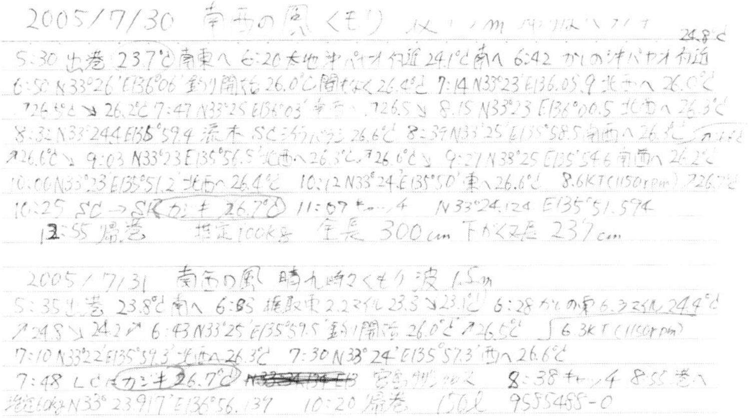

2005/7/30 南西の風 くもり

5:30 出港 23.7℃ 南東へ 6:20 太地沖パヤオ付近 24.1℃ 南へ 6:42 かしの沖パヤオ付近 24.8℃

6:50 N33°26′E136°06′ 釣り開始 26.0℃ 間もなく26.4℃ 7:14 N33°23′E136.05.9 北西へ 26.0℃

↗26.5℃ ↘26.2℃ 7:47 N33°25 E136°03′ 南西へ ↗26.5 ↘ 8:15 N33°23 E136°00.5 北西へ 26.3℃

8:32 N33°24.4 E135°59.4 流木 SCにシイラバラシ 26.6℃ 8:39 N33°25′E135°58.5 南西へ 26.3℃

↗26.6℃ ↘ 9:03 N33°23 E135°56.5′ 北西へ 26.3℃ ↗26.6℃ ↘ 9:27 N33°25 E135°54.6 南西へ 26.2℃

10:00 N33°23′E135°51.2 北西へ 26.4℃ 10:12 N33°24′E135°50′ 東へ 26.6℃ 8.6KT(1150rpm) ↗26.7℃

10:25 SC→SR カジキ 26.7℃ 11:07 キャッチ N33°24.124 E135°51.594

12:55 帰港 推定100kg 全長300cm 下がく又長 237cm

2005/7/31 南西の風 晴れ時々くもり 波1.5m

5:35 出港 23.8℃ 南へ 6:05 梶取東2.2マイル 23.3↘23.1℃ 6:28 かしの東6.3マイル 24.4℃

↗24.8 ↘24.2 ↗ 6:43 N33°25′E135°57.5′ 釣り開始 26.0℃ ↗26.5℃ 6.3KT(1150rpm)

7:10 N33°22′E135°59.3′ 北西へ 26.3℃ 7:30 N33°24′E135°57.3′ 西へ 26.6℃

7:48 LCにカジキ 26.7℃ 8:38 キャッチ 8:55 港へ

推定60kg N33°23.917′E136°56.137 10:20 帰港 150ℓ 9555488-0

■7月30日のメモをデータベースに入力した内容(06年以降はやってない)

午前5時30分出港。港の前の水温23.7度。南東沖へ向かう。午前6時20分、太地沖水中パヤオ付近を通過。水温24.1度。南へ。午前6時42分、樫野崎沖水中パヤオ付近を通過。水温24.8度。さらに南へ。午前6時50分、北緯33度26分、東経136度06分で釣り開始。水温26.0度。間もなく26.4度に上昇。午前7時14分、北緯33度23分、東経136度05.9分から北西へ。水温26.0度。途中で水温が26.5度まで上昇。午前7時47分、北緯33度25分、東経136度03分から南西へ。水温26.2度。途中で水温が26.5度まで上昇。午前8時15分、北緯33度23分、東経136度00.5分から北西へ。水温26.3度。午前8時32分、北緯33度24.4分、東経135度59.4分の流木の近くでショートコーナーのモールドクラフト・シニアワイドレンジに1mぐらいのシイラが来たがすぐにフックアウト。水温26.6度。午前8時39分、北緯33度25分、東経135度58.5分から南西へ。水温26.3度。途中で水温が26.6度まで上昇。午前9時3分、北緯33度23分、東経135度56.5分から北西へ。水温26.3度。途中で水温が26.6度まで上昇。午前9時27分、北緯33度25分、東経135度54.6分から南西へ。水温26.2度。午前10時、北緯33度23分、東経135度51.2分から北西へ。水温26.4度。午前10時12分、北緯33度24分、東経135度50分から東へ。水温26.6度。船速8.6ノット(1150rpm)。間もなく水温が26.7度に上昇。午前10時25分、北緯33度24.124分、東経135度51.594分でショートコーナーにストライクが来たが、ラインが10mほど引き出されただけで掛からず。すぐにショートリガーのモールドクラフト・シニアフッカーにストライクが来たが、またも掛からず。約10秒後に同じルアーのところで大きな水しぶきが上がってロッドが曲がるが、またまた掛からず。すぐまた同じルアーのところでストライクがきてロッドが曲がり、一瞬間を置いて今度はラインを引き出して走り始めた。水温26.7度。すぐにボートの後方50mぐらいのところでカジキがジャンプ。ドラグを緩めて少し走ったと思ったら、またジャンプ。激しくジャンプを繰り返しながら、700mぐらいラインを引き出したところでやっと止まる。キャプテン1人なので、時間をかけながらゆっくりリールを巻いて引き寄せ、午前11時9分、ランディング成功。カジキがきた場所の水温26.7度。角をしばって曳いて走り、午後0時55分帰港。クロカジキ全長300cm、下顎又長237cm、推定100kg。

オフシーズンの過ごし方

釣り方をトローリングだけに絞ると、場所によっては年間の半分以上がオフシーズンになってしまう。その長いオフの間、まったくボートに乗らないのはもったいないし、たまにはエンジンをかけて走ってやらないとボートのためにもよくない。だったらどんな遊びをするか。シーズン的には秋の後半から春の前半まで。春と秋はクルージングするだけでも悪くはないが、寒さが本格的になるにつれて、なにか目的がないと、なかなか海へ足が向かないようになる。それなら、やっぱり釣りをしてみよう。特に秋の後半から冬の半ば、11月から1月ごろにかけては美味しい魚がいろいろ釣れる季節だから、せっかくボートがあるのに釣りに行かないのはもったいないというものだ。

トローリングボートでほかの釣りをする場合、スパンカーで船を風に立てて流し釣りするのは問題がある。急にカツオやマグロが釣れだしたなんてときに、船尾にスパンカーがあるとトローリングのじゃまになるからね。では、アンカーを打って船を止めて釣るか。そういう釣りのポイントがあれば、それも一つの方法。ねらうのはアジ、イサキ、マダイなどが代表。ただし、オキアミやアミエビのマキエサ（コマセ）を使うと、ボートが汚れて帰港してからの掃除が大変だ。

そこでお勧めしたいのが、パラシュートアンカーを使った流し釣り。小型電動リールを使ってねらうのは、砂泥底の水深80〜100メートルラインで高級魚のアマダイ。それにイトヨリやチダイ、キダイなどが混じる。根混じりのところならカサゴやオニカサゴ、ハタ類も掛かってくる。根掛かりが少なければテンビン仕掛けでよいが、根掛かりが多いときに備えてドウヅキ仕掛けも用意しておくのが安心。エサはオキアミのサシエサだけで、マキエサを使わないクリーンな釣りだ。オキアミは、ハード加工したパック入りのもの（「Gクリル」、「くわせオキアミ」など）が、エサ持ちがよくて使いやすい。

パラシュートアンカーを使えば、ボートは舳先を風上に向けたまま潮に乗ってどんどん流れる。なにもしなくても安定しているから、キャプテンも周囲をワッチしながら釣りをすることができる。同じようにボートを風に立てて流し釣りにするのに、スパンカー流しの場合はクラッチのオン、オフを使って船位を

パラシュートアンカーを使った釣り

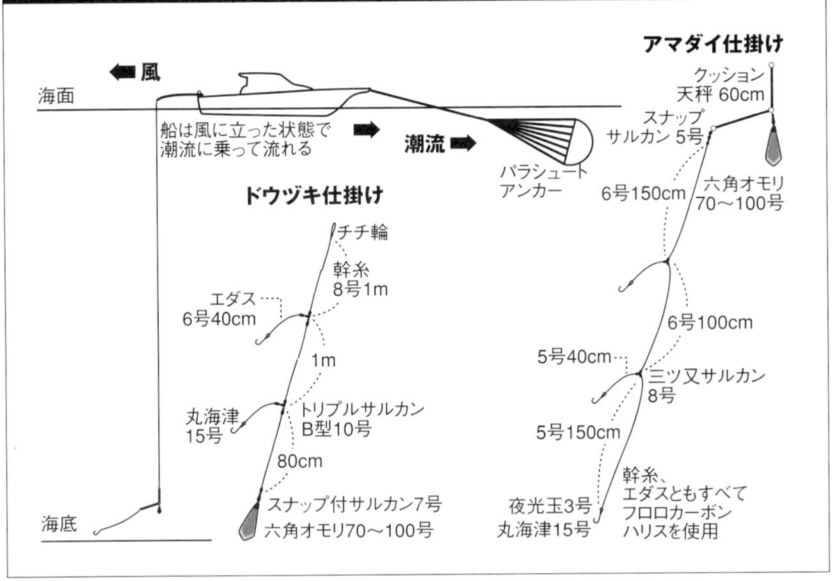

を調整しないといけない。それにくらべて、パラシュートアンカー流しならキャプテンも楽に釣りができるのは大きな利点だ。

逆に欠点は、パラシュートアンカーを入れてしまうとボートが潮に乗って流れる以外の細かいコントロールができないので、精密に根の上を通すようなことは不可能。そのため、根魚をねらうよりも、砂泥底の広い範囲を流してアマダイなどをねらうのに好適な釣りだと言える。夜に明かりを点してイカ類をねらうのにも向いているが、トローリングのオフシーズンにやるには、ちょっとハードだ。

パラシュートアンカー流しは、特定のピンスポットではない広い範囲をねらうので、ポイント争いのようなことになりにくいのもうれしい。GPS魚探でボートが流れる方向と速度を確認しながら、次はこれぐらいずらしてこのあたりから流そうかなんて考えてると、この釣りってなんだかトローリングとやってることが似てないか!? と思ってしまう。

パラシュートアンカーはトローリングタックル1セットぐらいの予算で買えるので、オフシーズンを楽しく過ごせれば高くない出費だと思う。それで美味しい魚が釣れたら、こんなに有意義なオフの過ごし方はないのではなかろうか。

〈ワイルドキャット〉の四季

著者が和歌山県新宮市の三輪崎漁港をトローリングの基地に選んだ事情は149ページで書いたとおりで、本来の目的はカジキを釣ることであった。その点については日帰りで黒潮域まで行けるし、真夏から秋の初めは近くでも釣れるし、三輪崎がカジキ釣りに格好のゲレンデであることは下調べで期待していた以上だった。

さらに実際に釣り始めてみると、春の早いころから黒潮さえ近ければカツオやマグロ類が釣れるし、シイラは世界一多いんじゃないかと思うほど、よく釣れることがしばしば。秋になったらまた戻りガツオが釣れて、やる気さえあれば1年中いろんな魚を釣りながらトローリングが楽しめることがわかった。実際、1年12カ月トローリングで魚を釣った実績がある。そこでここからは、著者が愛艇〈ワイルドキャット〉で1年間どのようにトローリングを楽しんでいるかをまとめて、本書の締めくくりとしたい。

春(3〜5月)上りガツオのシーズン

太平洋の春はカツオの季節。1月、2月のビンナガ釣りのときにもカツオが混じってくるが、やはり本格的なカツオのシーズンと言えば、3月になってからだ。

3月後半の春の彼岸ごろになると、それまで荒れ続きだった海が穏やかになって、プレジャーボートでも安心して沖へ出られるような凪の日が多くなる。タックルやルアーを準備万端整えて、いよいよシーズンが来たかと夜明け前の海に乗り出すのがこのころ。三輪崎からだと、黒潮に向かって真っ直ぐ南下する。

春とは言ってもまだ早い時期のカツオ釣りは、黒潮が近いか遠いかに大きく左右される。遠ければ片道3時間以上かかって限定沿海の航行制限内を外れてしまうこともあるから、漁船がいくら釣って来ても、指をくわえて見ているしかない。黒潮が近いシーズンは、2時間以内で漁場に届くこともある。午前4時ごろ出港し、まだ真っ暗な海を10〜12ノットでゆっくり走って、夜明けと同時に釣りを開始する。

早期のカツオ釣りは、黒潮に入ってからどれぐらい南下するかが問題になる。釣り開始後も、ルアーを曳きながらどんどん南下する。その間、水温を観察。黒潮の縁で18度台だった水温が、20度前後まで上昇すれば釣れる確率大。続けて南下しながら潮目やナブラ、トリヤマを探す。それで釣れればよし。釣れないときは、どこまでも南下するわけにはいかないので、どこかでUターンしないといけない。見切りが難しいが、カツオの漁場には曳き縄釣りの漁船がたくさんいるので、その動きを見れば、およその察しがつく。

4月になると、黒潮が次第に接近、水温も上昇してくる。いよいよカツオのシーズン真っ盛り。漁港のセリには水揚げされたカツオが大量に並んで、仲買人の景気のよい声が聞かれる。漁師は今釣っておかないと一家の生計にかかわるとばかり、毎日夜明け前の海を走って漁に出る。多い船は1日の漁で10万円以上も水揚げするから、その本気度は素人には計り知れない。

カツオが釣れてる漁場には漁船がひしめき、プレジャーボートはとても入って行けなくなる。トローリングでカツオが掛かって船速を落とすと、いつの間にかそれを見ていた漁船に取り囲まれて、ドキドキしながらランディング。知り合いの漁師がいたら、格好悪いところは見せられない。帰ってから港で、「お前、バラシとったなあ」なんて、すぐに言われるからね。

これぐらい漁船が多いと、カツオが釣れる場所を探すのはかえって楽。よさそうな潮目などを伝って走ってれば、そのうち漁船がたくさん集まってるのが見えてきて、近づくとカツオをどんどん釣り上げてるのが見えてくる。ただし、あまり近づき過ぎたり、漁船の群れに突っ込むのは禁物。漁船は普通、1人で漁をしているので、カツオがどんどん釣れだすと、どうしても前方への注意が疎かになりがち。それでも船は走りっぱなしで、よく事故が起こらないものだと思うが、漁船には漁船同士の暗黙のルール

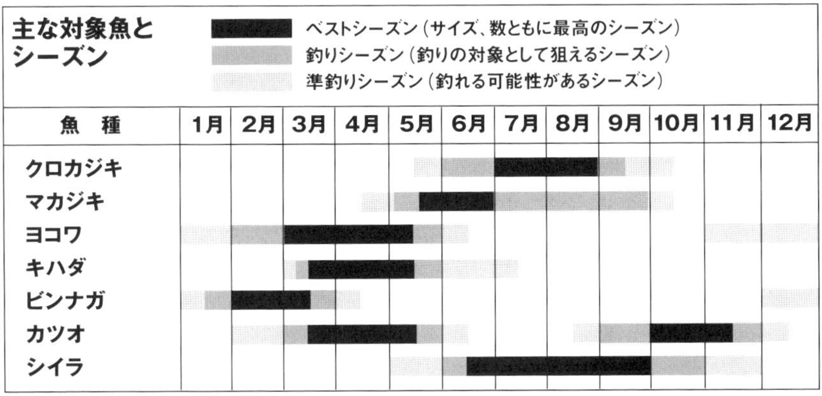

カツオ漁の最盛期ともなると、よく釣れる場所には曳き縄釣りの漁船がすごい密度で集中する

と言うか、お互いの気の配り合いがあるのだ。そこへプレジャーボートがわけもわからず入って行くと、全体のバランスを崩してしまうことになる。漁船がパラパラいるぐらいならいいが、密度高く集まってるときは、それを遠巻きにしながら近くにいる魚の群れを探すか、その場所の海の状態をヒントに、別のポイントを探すようにしよう。

4月後半になるとカツオに小型のキハダが混じり始める。そうなると、カツオのシーズンも半ばから後半。これとは別に、カツオ釣りの帰りに根気よくルアーを曳き続けてると、黒潮の縁や完全に黒潮を外れたところで10キロオーバーのキハダが釣れることもある。そのころのカツオの漁場は水温20度以上。キハダの良型が釣れるのは18度台から19度台。両方ねらうとどっちつかずになってしまうので、往きは一目散にカツオの漁場を目指し、帰りは水温が18度を切るまでルアーを曳き続けるパターンを取ることが多い。黒潮を外れてから1時間以上はルアーを曳き続けて、もしキハダが釣れればラッキー。確率はカジキ釣りよりも低いが、釣れなくても燃料代を節約したと思えば、こちらがベッドするのは時間だけだから、まあ悪くはない賭けだ。

ゴールデンウィークごろからは、カツオもすっかり数釣りのシーズン。黒潮はさらに近づき、枝分かれした暖かい潮が断続的に沿岸に入り始める。それにカツオの群れが乗って来るようになると、釣り場選びはにわかに難しさを帯びる。あいかわらず南へ行って釣ってると、帰港後に「今日は東だったよ」と大外れだったことを知らされたりして、漁師の漁場に対する知識の豊富さ、判断の鋭さにあらためて敬服させられるのがこのころだ。

それと、もう一つ難しいのは、水温が上昇するつれて煮干しサイズ（2〜3センチ）のイワシの群れが多くなり、カツオがそれを食い始めると、ほかのエサには見向きもしないようになる。小さなイワシは移動が遅いので、それにカツオの群れがつくと、はっきりとしたナブラやトリヤマになる。ナブラではボカスカ釣れるのに、それを外すとさっぱり釣れない。ナブラの見つけ合いになると、目のよい漁師にはとてもかなわないし、漁船が何隻も集まってるナブラには近づくことさえできない。なんとかナブラを見つけてカツオを釣っても、ランディング中に漁船が集まってしまうと、あとは脱出する以外にない。

ナブラを探して魚を釣ること自体は楽しいのだが、実は知らない人が思うほど簡単ではないのだ。さらには、小さなイワシを食ってるカツオは、大きなルアーに見向きもしないという問題もある。この点については、115ページで書いたとおり。まあ、そんなことを考えながら釣りをしてるうちに、5月末ともなるとカツオが次第に少なくなってきて、シーズンは終わりを告げる。これは漁船がカツオ漁に行かないようになるから、はっきりとわかる。そうなると春は終わり、季節は梅雨から夏へ、海はカジキのシーズンへと移っていく。

夏（6〜8月）カジキのシーズン

カツオのシーズンが終わるときの水温がおよそ22度台。それからしばらく端境期があり、6月に入って黒潮のなかの水温が23度前後になると、いよいよカジキのシーズンが始まる。それまでも、水温が21度前後あればカツオやマグロに混じってカジキの可能性はあり、たまに漁師が釣った話を聞いたり、水揚げされたマカジキの姿を見ることがあるが、5月中はまだまだ確率が低い。ねらって釣れるぐらいの確率になるのは、やはり6月に入って水温23度前後が目安になる。

カジキの最初のストライクがあるのは、毎年6月初めごろ。まだ早いかな、と思いながらカジキ釣りに出漁して、最初のストライクがきて、ああ今年もカジキが帰って来たな、シーズンが始まったな、と思う。紀伊半島沖のカジキ釣りの常識からは、かなり早いかもしれないが、トローリングボートのカジキ釣り開始が年々早くなるのを見ても、6月はすでにカジキ釣りのシーズンと考えてよいだろう。

このころは、黒潮がまだ潮岬から離れたところを流れているので、三輪崎から出漁するときは真っ直ぐに南下する。黒潮までの最短距離を走るわけだ。これが7月になって黒潮が潮岬にぶつかるようになると、西寄りに走って大島の樫野崎沖を目指し、黒潮に入ったところで釣り始めて潮岬沖までルアーを曳きながら走ることが多くなる。なぜそうするかと言うと、黒潮が沖を流れているうちは大島や潮岬の近くで釣りをするのも、その東側の大島南東沖で釣りをするのも条件的に大差ないのにくらべて、黒潮が沿岸に近づいたときは、地形が潮流に強く影響する海域で釣りをしたほうがよいと思うからだ。

ただし、シーズンによってはそう思いどおりにならないこともある。夏になっても黒潮が潮岬から離れたままだったり、大蛇行になって黒潮本流まで行けないこともある。そんなときはどうなるか。大蛇行のときは、大島や潮岬沖の意外と近いところにいることが多い。黒潮ほどの激流ではないが、どこかに強い潮があり、カジキはそんな潮に乗ってることが多い。黒潮が中途半端に沖へ離れてるときは、かえって大蛇行のときよりも難しい。黒潮のなかまで行くか、黒潮の手前でよい潮を探すかを、まず考えないといけないからだ。

7月初めから梅雨の間の黒潮のなかは、水温25〜27度台が普通。カジキが一番安定して釣れる時期で、ビルフィッシュトーナメントが紀伊半島南部の各港を基地に毎週開催される。そして梅雨が明けると、いよいよ夏本番。梅雨明け直後で天候が最も安定する10日から2週間ほどの間は、カジキ釣りが1年で一番楽しいときだ。水温は一段と上昇して、黒潮のなかは28度を超えるようになる。カジキはまだ黒潮のなかで釣れるが、三輪崎からだと黒潮域まで走っていくか、近くで釣るかをそろそろ考え始めないといけない。

毎年7月後半から8月初めにはそういうタイミングがやって来て、黒潮のなかにいたカジキが、にわかに黒潮を外れた近くの海域で釣れるようになる。そのころ、カジキが釣れる場所の水温は、27〜28度台のことが多い。夏になって水温が十分上昇すれば、カジキは黒潮のなかにいなくてもよくなり、ソウダやマグロの子、サバなどの多い沿岸近くへ移動してエサを食うようになるわけだ。

三輪崎では盆前後が一番近くへカジキが回って来る時期だと言われている。近いときは港から3〜5マイル、遠くても10マイル以内でストライクが多発するのは、シーズンによって違いがあるが、普通は8月初めから9月まで。漁師はこの時期しかカジキ釣りをしない。

カツオ釣りと同じで、漁師が釣りに出るようになれば、どこそこでカジキが当たった、

カジキ釣り場の移動パターン

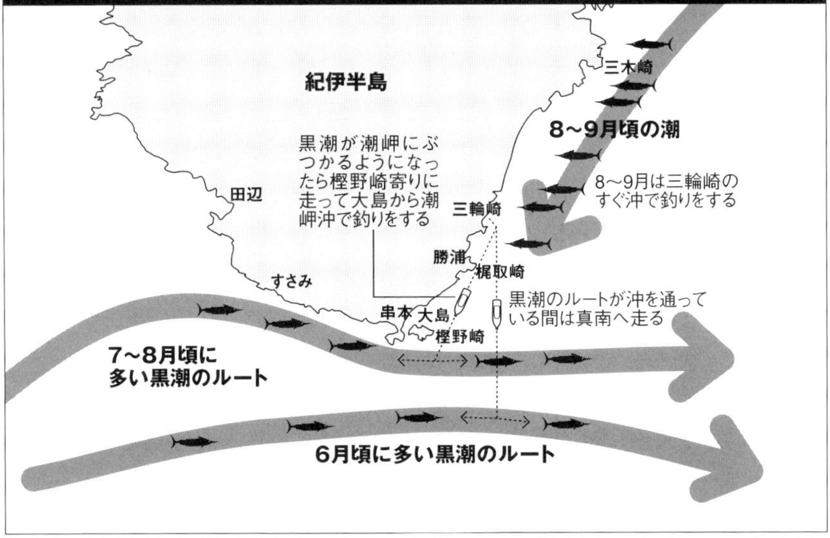

姿を見た、釣れたという情報が毎日手に入るようになる。それでもカジキをねらう漁船の数はしれたもので、カツオ漁の比ではない。近くで思いのままに釣りができる、楽しいシーズンである。

秋(9～11月)戻りガツオのシーズン

カジキのシーズンは台風とともに終わりを告げる。早ければ8月初めに台風が来て、港の近くでカジキが釣れるチャンスがないまま終わってしまうシーズンもある。そういうときは、台風の大雨で川から流れ込んだ泥濁りが沖まで拡がり、それがいつまでも取れないのを嫌ったカジキがどこかへ行ってしまうようだ。問題はそのタイミングで、台風が来ないシーズンは、夏から秋の初めにかけてカジキが近くで釣れるチャンスが大なり小なりやって来る。それも9月後半になれば、いつかは終わりを告げる。そのきっかけも台風であることが多い。

カジキが終わると、次は戻りガツオのシーズンだ。早ければ9月に始まるし、遅いときは10月に入ってからになることもある。早くから戻りガツオが釣れだしたシーズンは、豊漁になることが多い。過去に一番早かったのは、8月末に大漁したことがある。一番遅くまで続いたのは、12月中旬まで。普通は9月後半から11月いっぱいまでで、10

〜11月前半が最盛期になる。

カツオ釣りの説明のところで書いたとおり、春のカツオの回遊ルートが黒潮に支配されるのに対して、秋の戻りガツオは黒潮の高水温を避けて、沿岸近くでエサを食いながら順次南下してくる。そのカツオの群れが水温の高い潮にぶつかると、行き場をなくしてUターンしたり、その場で滞留するようになる。そこにエサがあれば、大きな群れが長期に渡って居着く。うまく条件が揃えば、後から後からカツオの群れがやってきて、押すな押すなの大にぎわいになるわけだ。

秋の早い時期は黒潮が潮岬のすぐ沖を流れていることが多いので、紀伊半島の東側はちょうどそんな条件にあてはまっているようだ。魚の動きや潮の流れがうまくはまると、おもしろいようにカツオが釣れる大漁が何日も続くことがある。このときばかりは20フィート台のプレジャーボートもこぞって釣りに出て、プロ、アマ、大小入り乱れての釣りになる。

エサをたらふく食って夏を越した戻りガツオは、脂がよく乗って飛び切り美味い。それも、秋が深まれば深まるほど美味くなり、1キロそこそこの小さなカツオでも、11月後半ごろに釣れたのは、よく脂が乗っていて驚くことがある。それぐらいだから、エサがある、ないに強くこだわるのだろう。よく釣れていたのが、あれっと思うぐらい急に釣れなくなることがある。逆に、ある日突然釣れだすこともある。もちろん春にもそういうことはあるが、秋のほうがそんな急変が多いように思う。同じカツオでも、春に釣るのと秋に釣るのでは、習性がかなり違うと思ったほうがよいぐらいだ。

エサは大きく育ったイワシを食ってることが多いので、その点では釣りやすい。かなり大きめのルアーでもよくストライクしてくるし、3キロクラスになると長さ20センチを超えるルアーに掛かることだってある。戻りガツオの早い時期は、まだカジキの可能性があるので、著者はアウトリガーに思い切り大きめのルアーをセットして、もしカジキがきても大丈夫なようにしている。

冬(12〜2月)ビンナガの便りを待つ

秋の終わりに吹き始めた北風が、冷たく鋭さを感じさせるようになると、季節はいよいよ冬。遅くても12月に入ると戻りガツオのシーズンは終わり、シイラも姿を消す。トローリングはオフシーズンに入り、我が〈ワイルドキャット〉もパラシュートアンカーを使ったアマダイ釣りに精を出すようになる。

ちょうどこの時期、三輪崎沖には落ちのサンマの群れがやって来る。脂がほど

春先のビンナガのシーズンは良型カツオがまじるのも楽しみ

よく落ちたサンマを使った棒鮨や丸干しは、地元の人たちに古くから愛される郷土料理だ。

この落ちのサンマに付いて移動するのが、ビンナガの群れ。漁師は12月になるとビンナガ漁の準備を始める。近ければ港の沖5〜10マイルに群れが回って来ることもある。特に、水温が下がり切らない12月中にそういうことが起こるが、来ても単発で長くは続かない。釣れたと聞いて出漁したのでは手遅れ。そんな感じだ。

ビンナガがそこそこ安定して釣れるようになるのは、1月から2月にかけて。プレジャーボートで釣りに行けるか行けないかは、黒潮の位置と天候による。黒潮が遠いとき、漁船は片道5時間以上かけて漁に行くことも珍しくない。そんなときは、プレジャーボートでは手も足も出ない。天候も北風が強い時期だから、出漁できる日が1週間に2日もあればよいほう。つまり、黒潮が近くて、天気がよくて、しかも魚が釣れてる、という条件が重ならないと釣りに行けないわけで、これは遊びの釣りとしてはなかなか難しい。

それでも準備だけは整えてチャンスを待ち、シーズン中に何回かはビンナガ釣りに出漁する。真冬の未明、寒い盛りに出港して、片道3時間近く走って行ってもぜんぜん釣れないときもあるし、10キロを超えるビンナガが5尾以上も釣れることもある。大きいのは20キロを越える。それにカツオが混じってくる。この時期のカツオは、3キロオーバーの良型が多い。

ビンナガ釣りは季節が季節だけに、出漁できるだけでもラッキー、釣れたらもっとラッキー。そんな感じの釣りだが、これはこれで、なんとも言えないおもしろさがある。なんせ、こんな時期にトローリングをやってるのは、日本中で自分だけかもしれないからね。

まあそのようなことで冬をやり過ごし、季節はふたたび春を迎え、黒潮がカツオの群れを運んで来る。海を渡る風が暖かく、穏やかになれば、トローリングのシーズン再開だ。

トローリングの未来のために

本書の草稿に目を通した和歌山県すさみの遊漁船〈智丸〉の朝本智夫船長から、次のようなアドバイスをいただいた。

カジキの探し方について著者が書いたことに加えて、次の点に注目すれば、さらに効率よくカジキを見つけることが可能になるはず。エサになる小型カツオ、マグロ類、ソウダやサバ、イカなどの群れが常時つきやすい場所。潮流に強く影響する岬や島、大きな根などの地形変化がある場所。大陸棚が深海へ落ちるショルダー部にあたる水深200メートルライン。海溝とその周辺。これらがカジキの好ポイントになっている例は全国各地にあり、きっと参考になるから付け加えておいたほうがいいよ、とのことであった。

このように、釣りに関する自分の知識を本当に惜しみなく与えてくれる人たちに、いままで多く出会ってきた。本書は著者のトローリングに関する知識をまとめたものだが、その知識の基礎になる部分は、いろんな人から教えられたり、本で読んだりしたものが多い。自分で見つけたり考えたオリジナルの部分は、ごくわずかでしかない。それを著者なりに釣りをしながら検証できたものは事実として、できなかったものは仮説として再構成し、トローリングの一つのスタイルとして組み立て、それを提示したのが本書である。

本書が著者のフィッシングスタイルを濃厚に反映していることは、言うまでもない。もちろん、いろんな思い込みや好みも含まれている。間違いは極力回避したつもりだが、人によってはそうではないよ、と異論が出て来るかもしれない。その点はご容赦いただいた上で、少しでも読んだ人の釣りの役に立てばいいな、というのが、本書を上梓する著者の願いである。トローリングでフックアップした魚を寄せてきて、カジキやマグロなどの大物ではないが、美味しいカツオだったらうれしいな、バレルなよとハラハラしながらリーダーを手繰り寄せてるときのような気持ちと言えば、ご理解いただけるだろうか。

ランディング中には、ちょっとドキドキする場面もあった。なにしろ移りかわりの激しい時代だから、ちょっと油断してる隙に真新しいと思っていた情報が過去のものになってしまってることがある。本書をまとめている間にも、インターネットの海況情報のページが新しくなって、それまでは数日遅れだった情報が即日手に入るようになった。釣りを終えて家へ帰ったその場で、今まで自分が釣りをしていた海がどんな状態だったかを見られるのは、数年前までは想像もできなかったすばらしい進化だが、そのため本書の図版を急きょ入れかえないといけなくなった。

あとがき

トローリングは日本ではまだ発展途上の釣りだから、テクニックやタックルの面でも移り変わりがとても激しい。今の勢いで行くと、本書に書いたことなんて、すぐに陳腐化してしまうかもしれない。それぐらいの勢いで進化してるから、ついて行くのが大変。まあ、あまり無理してついて行かなくても、いまのままでも魚は釣れるんだけどね。それではおもしろくないような気がして、次から次へと知識を仕入れ、物を買ってしまうのが、釣りという遊びの恐いところだ。

とりあえずトローリングをするためのタックルやルアーなどは、かなり手に入れやすくなってきた。その一方、情報が十分にあるかと言うと、本当に役に立つ情報はまったく不足している。ごく狭い範囲の情報がネットで飛び交っているだけだ。ソースがいいかげんなだけでなく、情報を流してる人がうつろな知識を元に解説したり注釈を加えたりするもんだから、事実が歪んでしまっている。特に業者経由の情報は、物を売らんがためのアオリがきつくてかなわない。そんな情報がたくさん混じった玉石混淆のなかから玉を見つけるのはとても大変。基本的に釣り情報なんてものは、釣り自慢の集大成みたいなものだから、釣れた話ばかりがどんどん集まって、釣れない話なんて世のなかにない、みたいなことになってしまう。だから、話半分どころか5分の1ぐらいに聞いておくのがちょうどよい。

本書を書いてる時点のトローリングの現況は、まあこんなところだ。それが、この先どんなことになるかはなんとも言えない。いまのまま、ごくマイナーな遊びで終わるのか、ブームと言うほどではなくても、ある程度まで一般化するか、今はその分岐点ではないかと思う。

先に書いたように、著者は多くの人たちから釣りに関する知識を受け継ぎ、その一部を本書にまとめた。これすなわち、人から人への知識の継承。そうすることが、たくさんの知識を授けてくれた人達への恩返しだと思っている。これがうまくいけば、トローリングの普及に少しは役に立てるかもしれない。

著者に釣りの知識を授けてくれた人たちのなかには、有名人もいれば、まったく無名な人もいる。ここで名前を挙げることはあえてせず、本書の上梓を持って感謝に換えたい。

最後に、本書のなかに出てきたチャーターボートとショップを下にまとめておく。読者のお役に立てば幸いである。

■ワイルドキャット（遊漁船／和歌山県新宮市三輪崎） http://www.wildcatfishing.com/
■智丸（遊漁船／和歌山県西牟婁郡すさみ） http://www5.ocn.ne.jp/~tomomaru/
■テンボートチャーター（チャーターボート／グアムUSA） http://www.tenboatcharter.com/
■ビッグゲームルアーズ（ネットショップ） http://www.biggame-lures.com/

ボートフィッシングの必須アイテム
「魚群探知機」のパーフェクトガイド!

魚探大研究

須磨はじめ、竹内真治、小野信昭、今井岳美 著

A4判/120頁(オールカラー)
定価1,470円(税込)

❖

ボートアングラーを対象に、魚探の仕組みや使い方を細かく解説した一冊。初心者向けに魚探の仕組みや画面の見方の基本を説明する一方で、トップアングラーによる魚探の実釣記事も加えるなど、すでに魚探を使っている人にも役に立つノウハウを満載。長期にわたって人気のKAZIムック『魚探大研究』を単行本化(一部改版)。

スモールボートで楽しむ
海のマイボートフィッシング

必釣の極意

小野信昭 著

B5判/88頁(オールカラー)
定価1,995円(税込)

❖

『魚探大研究』の内容をベースに、魚の生態からタックルの選び方、ボートコントロール、魚探&GPSの操作などを徹底解説。さらに、シロギス、マゴチ、カワハギ、アオリイカ、マダイ、オニカサゴ、マルイカといった定番のターゲットの実釣映像をDVDに収録し、スモールボート船上でのアクションについても動画で分かりやすく解説している。

好評！ 舵社のボート釣り関連書籍

ボートフィッシングと釣果料理の集大成

釣って食して楽しさ10倍

石川皓章 著

B5判／184頁(オールカラー)
定価1,995円(税込)

❖

『ボート倶楽部』誌で7年間48回にわたって掲載した人気連載を単行本化。四季折々のターゲット22種の釣り方から、約50品におよぶ釣果料理レシピまでをまとめた、ボートフィッシング・ハウツーの決定版。全10種の「体形別　魚のさばき方」、175種を収録した「釣りで出合う魚図鑑」など、新たな内容も盛りだくさん。ボートアングラー必携の一冊。

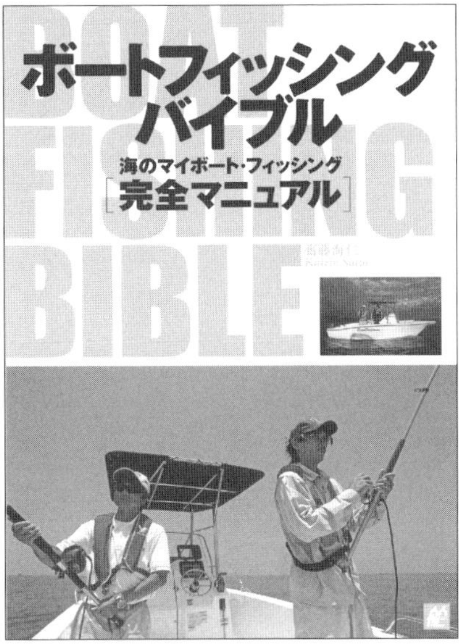

海のマイボートフィッシング完全マニュアル

ボートフィッシング・バイブル

齋藤海仁 著

B5判／192頁
定価1,680円(税込)

❖

モーターボートを釣りの道具という視点でとらえたボートフィッシングの完全マニュアル。釣るための艤装やボートコントロール・テクニックを詳しく解説するとともに、“仕掛け”を軸にさまざまな釣り方、ターゲットの攻略法を伝授する。ローカル色の強いボートフィッシングの世界でスタンダードとなるべく、普遍的で質の高い情報を提供するバイブル。

お申し込み・お問い合わせは

舵社 販売部

〒105-0013 東京都港区浜松町1-2-17 ストークベル浜松町
TEL.03-3434-4531 FAX.03-3434-2640
http://www.kazi.co.jp/

服部宏次
（はっとり・こうじ）

1955年生まれ。
『週刊釣りサンデー』の記者を経て、
95年にフリーランスのライター兼編集者に転身。
現在は和歌山県新宮市の三輪崎漁港を基地に、
愛艇〈ワイルドキャット〉とともに
ハイクオリティーゲームを追求する遊漁船業も営む。
釣り場での実践なくして文筆業を維持し得ない
根っからの釣り師。
http://www.wildcatfishing.com/

【協力・写真提供】

石川皓章
ウェザーテック
シマノ
ジャパンゲームフィッシュ協会（JGFA）
ビッグゲームルアーズ

カツオからカジキまで
超簡単トローリング

2008年11月28日　第1版第1刷発行

著　者　服部宏次
発行者　大田川茂樹
発行所　株式会社 舵社
〒105-0013
東京都港区浜松町1-2-17 ストークベル浜松町
*Tel.*03-3434-5181 *Fax.*03-3434-5184

写　真　二見勇治、服部宏次、宮崎克彦
イラスト　服部宏次、浜中節朗
編　集　星野 淳
題　字　周 啓廷
装　丁　木村 修
印　刷　株式会社 博文社

定価はカバーに表示してあります

ISBN978-4-8072-5120-9 C2075

※都道府県によっては、曳き縄釣り（トローリング）は法令により禁止されています。
トローリングを行う際には地域のルールを理解し、漁業者とのトラブルが起きないように十分配慮してください。